Pequeno cão Holandês

Luis Silva

Conteúdo

Introdutório — 1

O Pequeno cão holandês holandês — 3
A história do Pequeno cão holandês – De onde é que ele vem? — 3
O cão de água holandês: O favorito da caça ao pato — 6
Pequeno cão holandês Retrato da Raça – O Perfil — 12

O treino de cães de caça — 16
Formação para principiantes e Formação em Obediência — 19
  Treino de rastreio - Recolher um rasto — 22
    Mostrar — 29
  Formação de bonecos - recuperar e trazer de volta objectos — 30
Comportamento de caça indesejado – Formação anti-caça — 34

A educação e formação de um Pequeno cão holandês — 78
Reforço positivo na formação diária — 78
  A formação de respeito — 78
    Desrespeito para com outros cães — 83
    Ladra, teimosia, indisciplina e comportamento agressivo — 85
  Formação em gaiolas - treino de alojamento do cachorro — 89
Equipamento de formação — 90
  Equipamento de formação geral — 91
  Equipamento específico de caça — 93

A saúde do Pequeno cão holandês — 131
Que problemas de saúde podem ocorrer especificamente no cão Kooiker? — 132
Nutrição e cuidados — 146

Capítulo adicional: Dicas para uma aprendizagem rápida — 153

Palavras de encerramento — 164

Fontes — 167

Introdutório

Melhor amigo do homem não leva o seu nome em vão. Muitas pessoas já não podem viver sem o seu amado amigo de quatro patas, mas a aquisição de um cão normalmente não corre bem. Muito poucos proprietários compreendem quanto tempo e amor deve ser investido num animal. Além disso, raças diferentes de cães precisam de diferentes tipos de ajuda. Portanto, antes de adquirir um cão, deve ser feita uma extensa pesquisa para descobrir qual a raça de cão e qual o carácter de cão adequado ao dono, porque nem todas as raças são adequadas como cão de família.

Neste livro será apresentado o Pequeno cão holandês. É uma raça muito favorecida que pode ser usada como cão de família, bem como um "cão de trabalho", tal como na caça ou no salvamento de vidas.

Ele encaixa na maioria das famílias e é rápido a perdoar se a sua vontade de se mudar não puder ser satisfeita. É um cão com muita energia que se adapta ao seu dono. É, portanto, um cão de assistência, mas também se sente muito confortável com os desportistas. Devido ao seu tamanho bastante pequeno, pode ser mantido muito bem no apartamento e é particularmente gentil com as crianças. No entanto, a sua base real de reprodução é alarmantemente pequena. Este livro irá explicar porque é que os Pequeno cão holandêss estão quase extintos. Nascem no máximo 500 novos cachorros por ano. Como comparação, pode dizer-se que os populares Golden Retrievers têm 2000 a 2500 cachorros por ano. No entanto, os Pequeno cão holandêss são claramente favoritos, que são fáceis de treinar. Ao mesmo tempo, isto ainda significa que existem apenas alguns criadores e que de vez em quando é necessário fazer longas viagens de carro para encontrar um fornecedor adequado e respeitável. Assim, deve considerar-se que a aquisição de um cachorro Kooiker de raça pura e, sobretudo, saudável não é isenta de custos de quatro dígitos.

Quem, no entanto, quiser acolher um Pequeno cão holandês holandês, poderá rapidamente formar uma ligação íntima com ele. Devido à sua natureza bem equilibrada e leal, sente-se muito confortável ao pé das pessoas e especialmente ao brincar todos os dias é muito excitante para o cãozinho.

Mas mesmo a raça mais equilibrada pode trazer problemas, especialmente quando se adopta um cão mais velho que chega a um novo lar com uma história. Este livro não só explicará o que torna o Pequeno cão holandês tão único e popular, mas é também um guia para a educação e formação geral. Assim, o Pequeno cão holandês não tem de continuar a ser um cão de família, mas pela sua história pode aprender-se que é um excelente cão de caça sem nitidez de caça. Isto pode ser bem aproveitado.

A propósito, a Pequeno cão holandês é particularmente popular entre as gerações mais jovens, uma vez que a sua bonita aparência a torna muito popular nos meios de comunicação social. Já nos séculos XVI e XVII, os artistas fizeram pinturas a óleo, como o famoso artista Rembrandt van Rijn ou Jan Steen.

A Pequeno cão holandês

A HISTÓRIA DO PEQUENO CÃO HOLANDÊS - DE ONDE É QUE ELE VEM?

História deste pequeno spaniel remonta ao século XVI. A Pequeno cão holandês é assim uma das raças de cães mais antigas. Pequeno cão holandêss foram vistos pela primeira vez nos Países Baixos, onde o seu grande potencial foi descoberto na caça ao pato. A caça ao pato é diferente de outros tipos de caça, pois envolve a utilização dos chamados "koois". Estas são armadilhas especiais para patos para as quais os patos têm de ser atraídos. Os Pequeno cão holandêss acabaram por ser os primeiros classificados, pois eram particularmente amigos das pessoas, mas igualmente bons a conduzir patos, razão pela qual os Pequeno cão holandêss holandeses pertencem hoje aos "cães pássaros".

Os cães-pássaro são hoje mais conhecidos como "cães apontadores". Dentro da caça, os cães apontadores representam cães que não assumem apenas uma tarefa, mas são versáteis e podem, portanto, assumir muitas tarefas. Representam os companheiros mais populares do caçador, uma vez que uma boa ligação pode ser formada com eles. A maioria dos cães apontadores pode assumir todos os aspectos de uma caçada. Isto significa que um cão apontador pode seguir e empurrar ou conduzir um jogo antes do tiro e após o tiro ter sido libertado e o jogo ter sido morto, pode ser seguido e recuperado. Devido a algumas características típicas da raça, nem todos os cães podem realizar todas estas tarefas. Alguns cães são simplesmente demasiado grandes para serem usados para lançamento, outros são demasiado pequenos ou não suficientemente rápidos para serem capazes de conduzir activamente. No entanto, a maioria dos cães pode ser utilizada como cães apontadores, porque são cães de alta qualidade que não diferem directamente com base nas características da raça, mas que estão sujeitos à preferência do caçador. Isto significa que o carácter do animal desempenha um papel importante. No entanto, pode basicamente dizer-se que uma altura de ombro de 47 centímetros a 70 centímetros é favorecida pelos caçadores. O casaco também não deve ser muito comprido. Os cães apontadores mais populares incluem o Deutsch Drahthaar, o Deutsch Stichelhaar e o Deutsch Kurzhaar, os grandes e também pequenos Münsterländer, os representantes ingleses do English Setter, Gordon Setter e Irish Red Setter, bem como o English Pointer e o Pudelpointer, os cães franceses Griffon, Braque Francais e Epagneul Breton, bem como o velho Weimaraner alemão e o Magyar Vizsla favorito da Hungria.

Através do perfil, que será explicado no retrato da raça, é notável que a altura do ombro do Pequeno cão holandês é um pouco pequena para um cão pontiagudo. Tal como explicado, no entanto, depende do carácter. Assim, um Pequeno cão holandês calmo e amigável não se sairá bem contra a caça ao vermelho ou ao alce, mas dentro da caça ao pato ele faz um grande cão-guia.

Nem sempre foi chamado "cão apontador". Este é um termo relativamente novo para o actual cão de caça. No passado, estes cães eram chamados "cães pássaros". A razão para isto é simples: foram utilizados para a caça de aves. Em detalhe, porém, é um pouco mais complexo. No século XVI, um único caçador iria caçar com vários cães, cada um dos quais com uma tarefa diferente. Os cães de lavagem tomaram o rasto, os Bracken ou os cães de suor de hoje foram atrás do suor e, portanto, do sangue de uma caça se já tivesse sido alvejada, e os cães de recuperação trouxeram a caça de volta ao caçador. Todos estes passos foram necessários para sobreviver com os métodos limitados do tempo. Apenas a caça de pássaros exigia apenas um cão que pudesse fazer todas as tarefas que o caçador exigia. Um cão-pássaro estava "à frente dos outros cães em termos de talento".

A Pequeno cão holandês em particular era assim especialmente procurada há 500 anos, o que levou a que os Pequeno cão holandêss quase se tornassem extintos no século XX. As suas excelentes qualidades de caça não foram suficientes para a Segunda Guerra Mundial, e é por isso que por volta de 1939 restaram apenas alguns espécimes com boa saúde. Amante de animais e Baronesa van Hardenbroek van Ammerstol montou então um gatil com os cerca de vinte espécimes restantes que conseguiu encontrar dentro do país. Esta nova raça teve um início difícil e levou muitos anos até que os primeiros jovens fossem criados. Diz-se que a cadela "Tommie" teve os primeiros cachorros que voltaram a consolidar a criação. Reconhecida pelo Raad van Beheer em 1971, ela é agora conhecida como a mãe ancestral de todos os Pequeno cão holandêss.

Em 1990, seguiu-se o reconhecimento seguinte para a raça canina: a classificação FCI. Desde então, a Pequeno cão holandês foi classificada no chamado grupo 8 "Retrievers - Water Dogs" dentro da segunda secção "Retrievers".

Embora o pequeno spaniel quase se tenha extinguido há menos de 100 anos, 500 novos cachorros são hoje registados todos os anos. São considerados cães de família alegres e têm apenas uma vontade média de se mudarem, razão pela qual são especialmente populares entre os abrigos e as estações de criação.

O CÃO VEADO AQUÁTICO HOLANDÊS: FAVORITO DA CAÇA AO PATO

Ainda hoje, o Pequeno cão holandês é considerado um favorito na caça ao pato, mas não há dúvida de que a caça ao pato mudou muito ao longo dos séculos. A fim de compreender todos os aspectos do pequeno spaniel, os diferentes estilos de caça aos patos serão explicados aqui.

Por volta de 1500, foram utilizados os chamados "cooies de pato". Aqui já podemos ver de onde o cão de família de hoje obtém o seu nome. O kooi representa um canal em torno do qual foram construídas grandes vedações, que até cobriram o canal. Parecia quase uma gaiola extra grande e comprida, o que impedia que os patos que se abanavam no canal voassem para longe. Este canal terminou numa armadilha onde os verdadeiros caçadores podiam agora capturar os patos com facilidade, mesmo que fosse necessário um pouco de destreza para conseguir apanhar os patos a esvoaçar. Para evitar que os patos dessem meia volta e voltassem a nadar para fora da gaiola, os cães eram utilizados para reunir os patos em direcção aos caçadores. Os canais geralmente não eram particularmente profundos, pelo que um cão podia facilmente correr atrás deles, o que com quatro patas era uma tarefa muito mais fácil do que se um humano o tentasse, e em casos raros o cão também remava atrás deles.

Os Pequeno cão holandêss revelaram-se muito rapidamente um favorito, uma vez que não só eram particularmente rápidos a aprender, como também amigáveis e lúdicos. Como esta forma de caça não era sobre o cão matar um pato, mas apenas conduzi-lo, não havia necessidade de um cão de caça - um termo para um cão com um nariz particularmente fino que segue o suor (sangue) do animal abatido e o rastreia - e também nenhum cão apontador -

normalmente utilizado para matar um animal se um único tiro não fosse suficiente - mas um simples cão perseguidor era suficiente.

Hoje em dia, os cães de lavagem são utilizados tanto "antes do tiro" como "após o tiro". No século XVI, no entanto, os cães de lavagem só eram utilizados "antes do tiro". Isto significa que foram sempre utilizados quando se tratava de localizar um animal selvagem. Na caça aos patos, isto significava que os Pequeno cão holandêss só eram utilizados antes da caça. Eles não mataram o jogo nem morderam as penas para o segurar. Apenas o pequeno spaniel era utilizado para o pastoreio, a caça propriamente dita era feita pelos humanos que se posicionavam no fim do kooi e deixavam os patos assustados chegar até eles.

Hoje em dia, este método ultrapassado e, aos olhos dos peritos de hoje, cruel já não é utilizado. Os regulamentos de caça actuais, aos quais todos os caçadores devem aderir, concentram-se no bem-estar do animal. Uma caça nunca pode ser suave e todos os caçadores devem estar conscientes de que a vida de um animal está a ser tirada, mas as condições certas podem assegurar que os últimos momentos do animal não sejam dolorosos nem estressantes. Este não poderia ser o caso com o método de caça ao pato utilizado na altura. Já de longe, os animais podiam ver os caçadores, que estavam apenas à espera que os patos estivessem ao seu alcance. Eles estavam cientes minutos antes que não havia fuga possível. Hoje em dia, isto é considerado cruel, razão pela qual este método já não é utilizado; em vez disso, a caça aos patos de hoje parece diferente.

Hoje em dia, deve ser dada atenção sobretudo aos patos que nadam e mergulham na Alemanha, porque nem todos são libertados para a caça. O período de caça também mudou. Enquanto no passado a caça era permitida ao longo do ano, hoje a janela temporal é bastante pequena, uma vez que os patos só podem ser caçados quando estão a migrar. Durante a sua época de reprodução são protegidos. Variando de espécie de pato para espécie de pato, a época de caça começa a 1 de Setembro ou 1 de Outubro; independentemente da caça ao pato, a época termina a 15 de Janeiro.

Porque é que hoje em dia há caça durante a migração dos animais? É porque muitas espécies de patos estão ameaçadas de extinção e estão na lista vermelha. Durante a época de reprodução, os animais são deixados sozinhos de modo a poderem reproduzir-se para assegurar a continuação da biodiversidade. A caça de animais jovens também é proibida.

Uma vez que os patos estão em migração no momento da caça, já não podem ser capturados num canal que é vedado por todos os lados. Estão em movimento e por isso não nadam muito em canais, lagos ou lagos. Em vez disso, o método de caça actual centra-se na caça aos animais enquanto estes se alimentam. Isto significa que a caça aos patos tem lugar em campos de restolho de cereais ou campos de milho. Classicamente, no entanto, a caça ainda se realiza perto de corpos de água.

Na actual caça aos patos, podem ser utilizados quatro métodos diferentes. Há perseguição, caça ao pato, caça ao morcego e kirrung. O Kirrung e a perseguição de patos não serão mais discutidos aqui, uma vez que os cães não são levados como ajudantes. Isto só acontece durante a caçada guiada e o talo.

Em contraste com a caça dirigida, a caça dirigida descreve um método em que o máximo de stress possível é brevemente exercido sobre uma caça caçada para que a caçada possa terminar o mais rapidamente possível. A caça à deriva é adequada para terrenos abertos em prados ou campos. Requer um amplo campo de visão, razão pela qual a caça ao pato, juntamente com a caça à lebre, é um dos poucos movimentos em que a caça à deriva pode ser utilizada com bons resultados. O importante numa caçada guiada é que o tiroteio só é permitido numa chamada "visão definitiva" - é para isto que os cães são necessários. Os patos são particularmente bons a esconder-se. Adaptaram-se à vida na flora e na fauna e têm frequentemente plumagem difícil de distinguir do ambiente. Além disso, a plumagem dos patos torna-se mais escura durante a migração e, assim, após a época de reprodução, adapta-se à cor dos campos nus. O olho humano não é muitas vezes suficiente para detectar um pato à distância suficiente para que o animal não se assuste imediatamente e voe para longe. Neste caso, é uma boa ideia levar os cães consigo na caçada, uma vez que o seu nariz é um órgão de detecção muito melhor do que o olho humano.

Além disso, é tarefa do cão assustar o animal caçado. O pato deve ser expulso do esconderijo para que o caçador tenha agora uma visão clara. Explicitamente, o animal é exposto a um elevado nível de stress. Sente-se não só encurralado pelos ruídos altos do cão, mas também atacado. Tenta, portanto, encontrar uma via de fuga: Ele voa para cima. Os cães que são utilizados em caçadas de carro não só devem ser capazes de suportar a adrenalina constante, como também devem ter resistência suficiente. Nem todas as raças de cães estão à altura destas exigências. Na caça aos patos de hoje, isto é um pouco diferente: A verdadeira caçada de condução pode estender-se por vários quilómetros. Isto requer cães que estejam na sua melhor forma. A caça aos patos de hoje, por outro lado, é muito mais curta, pois os patos não são conduzidos directamente, mas sim assustados. A este respeito, os cães velhos em particular gostam de ser levados a caçar patos, uma vez que já não conseguem acompanhar uma caçada de condução normal, mas ainda podem ajudar nas caçadas dos seus velhos tempos.

Para além de uma caça de carro, pode haver um talo. Não só é um dos métodos de caça mais antigos, como também segue um padrão simples. Embora uma caçada de carro nunca possa ser realizada sozinha, um talo é uma caçada única ou uma caçada em pequenos grupos de dois a três caçadores. Literalmente, o método de perseguição descreve a necessidade de perseguir. Isto é feito de forma particularmente silenciosa e o mais despercebido possível. Também aqui, o tiro só é permitido à vista directa, e é por isso que os caçadores tentam aproximar-se o mais possível da caça.

Embora o caçador e o cão estejam em movimento, a perseguição não é uma caçada em movimento. Isto porque, por um lado, não há movimento durante o tiro directo e, por outro lado, o jogo permanece imóvel. Ocasionalmente, o jogo é filmado em posições de mentira. Semelhante à caça de esconder, em que o caçador espera numa tocaia enquanto o cão conduz a caça nos arredores, a perseguição não é, portanto, uma caça de movimento.

Pode parecer contraproducente, mas o cão tem sido um companheiro de perseguição essencial desde o início da época de caça. Por muito grande e assustador que possa parecer, também pode ser silencioso. Em teoria, um caçador pode ir sozinho num talo, mas há muitos elementos que o cão pode facilitar. Por exemplo, pode sempre acontecer que o humano seja ouvido ou visto pelo jogo. Nesses momentos, o jogo fugirá rapidamente. Dentro do talo, pode então ocorrer uma caçada de condução, na qual o cão tenta conduzir a caça de volta para o caçador. Além disso, um cão é bom a perseguir animais mais pequenos e a apanhá-los independentemente, tais como lebres ou patos.

Qualquer que seja o método preferido, o Pequeno cão holandês é o líder e favorito para cada método. Na perseguição, são escolhidos cães pequenos e calmos, respectivamente, que não têm problemas em trabalhar profundamente no solo e em lutar contra a vegetação rasteira. Como o Pequeno cão holandês é classificado como um pequeno spaniel, é particularmente popular. Além disso, muitos cães ficam entusiasmados com a visão da caça: Lamuriam-se ou fazem sons suaves. O Pequeno cão holandês é um cão calmo, que não só é orientado para a família, mas também resistente ao stress em qualquer situação.

Além disso, deve ser dada aqui atenção à acuidade do jogo. A nitidez geral de um cão é entendida como uma prontidão omnipresente para confrontos combativos. Há muitas testemunhas diferentes: a nitidez do jogo, a nitidez do predador, a nitidez do zombador e a nitidez do homem. Se quiser ter um cão que viva com a sua família e crianças pequenas, deve certificar-se de que o cão não tem nenhuma destas testemunhas afiadas. Os confrontos combativos podem levar a lesões graves. Na caça ao pato e especialmente na perseguição, é importante que se preste atenção à nitidez da caça. A agudeza do jogo descreve a capacidade de um cão matar sozinho um jogo doente ou ferido, tal como um jogo que já tenha sido alvejado. Trata-se também da capacidade do cão de apresentar e derrubar o jogo do biungulado. A caça com biungulados refere-se a animais com biungulados, tais como veados vermelhos, veados, javalis e alces. Estes são animais consideravelmente maiores do que um cão comum. No entanto, um cão pode enfrentar um tal animal, mas no caso de perseguição ou caça aos patos isto é impraticável. O que é necessário é um companheiro calmo e calmo que não recorra a ladrar alto ou a indicar. Mais uma vez, os Pequeno cão holandêss são adequados.

Foram treinados durante séculos para remarem atrás de patos para os pastorear. Isto era menos uma questão de ladrar alto e não de parecer particularmente agressivo. Em vez disso, os cães viram a caça ao pato anterior como uma caça, pois foram os caçadores humanos que mataram o pato.

O Pequeno cão holandês representa assim um favorito na caça ao pato, tanto no século XVI como hoje.

RETRATO DA RAÇA PEQUENO CÃO HOLANDÊS - O PERFIL

O Pequeno cão holandês é um companheiro alegre e, sobretudo, animado que não só está disposto a aprender, mas também é particularmente cooperante. Além disso, é um cão muito inteligente que é fácil de treinar e, portanto, também adequado para principiantes. Ele irradia a sua alegria de viver e fá-lo de uma forma equilibrada com muita obediência. Assim, o pequeno Spaniel não é nem barulhento nem agressivo. Para com estranhos ele pode muitas vezes parecer tímido e reservado. Apesar da sua alegria de viver, não salta aos visitantes dos abrigos ou canis de animais. A menos que uma história seja conhecida, a Pequeno cão holandês não reage com agressão devido às suas características de raça.

O seu carácter é ainda mais lúdico e, de vez em quando, um pouco temperamental. No entanto, ele não representa um perigo para as crianças, uma vez que se revelou uma criatura muito cautelosa. O Pequeno cão holandês é um cão que não precisa de tanto exercício como um Weimaraner, outro cão apontador, embora muito maior, mas que precisa de muita atenção. É um cão de companhia agradável para famílias de todos os tipos e é também muito adaptável, pelo que pode sobreviver com menos exercício do que é realmente bom, mas brincar deve ainda tornar-se um ritual diário com animais de estimação, uma vez que é um cão fiel.

Apesar da sua adaptabilidade, o Pequeno cão holandês também pode ter muita energia. Alguns exemplares são portanto particularmente activos e ansiosos por se moverem, razão pela qual ele é também um bom cão de companhia para atletas e pessoas conscientes da energia. Assim ele pode ser bem levado para fazer jogging ou andar de bicicleta. Tal como o pequeno spaniel é confortável dentro de casa, um Pequeno cão holandês treinado pode facilmente acompanhar os atletas de alto desempenho. Actividades equilibradas no ar fresco são particularmente gratificantes, uma vez que gosta de navegar no mato. É importante explicar que uma recordação sem problemas em tenra idade é muito importante. Neste livro, será dada uma ênfase especial a este aspecto.

Além disso, o Pequeno cão holandês é um forte representante dentro de qualquer desporto canino e, claro, o banho anual no Verão não pode ser negligenciado. Estes cães gostam particularmente de todo o tipo de água e podem, portanto, até ser levados a pescar.

O Pequeno cão holandês representa assim um cão activo em todas as situações da vida. Ele é igualmente activo e equilibrado, mas é menos adequado como cão de companhia para pessoas deficientes. Ele é um cão muito inteligente que aprende muito rapidamente, mas também tem uma mente própria e segue-a. De vez em quando ele pode ser um pouco temperamental ou teimoso. No entanto, deve dizer-se que não existem restrições de raça para os chamados cães de assistência. Em teoria, qualquer cão pode ser treinado para se tornar um cão de assistência reconhecido, mas na prática isto revela-se difícil com um Pequeno cão holandês, mesmo que não haja limites para um cão ambicioso. Também é menos adequado no salvamento de vidas. É um cão de família completa com resistência e energia suficientes para os desportistas.

O aspecto de um Pequeno cão holandêss é difícil de comparar com o aspecto de outros cães. É classificado como um pequeno cão de caça com uma construção dita "harmoniosa". Este adjectivo descreve as proporções de um cão. Assim, o pequeno spaniel tem um corpo quase quadrado e assim harmoniosamente proporcionado.

Como é típico dos spaniels, têm grandes orelhas de abano que, sem característica para um spaniel, usam levantadas. O próprio casaco é manchado. A camada de base é branca, enquanto que a chamada camada de cima é mosqueada de cor alaranjada e espalha-se em grandes manchas desde a cabeça até às pontas da cauda. Na maioria dos casos, a camada superior é de comprimento médio e lisa. Ocasionalmente pode haver espécimes ondulados. A subcapa, por outro lado, é muito densa e macia.

Uma característica especial do Pequeno cão holandês são os brincos que ele orgulhosamente usa nas suas orelhas flexíveis. Os "oorbellen" são pêlos negros pendurados no meio das orelhas e são muito mais compridos do que as orelhas reais. Isto cria um efeito bastante semelhante ao dos brincos.

Já na idade de cachorro, os pêlos pretos cristalizam nas orelhas fofas. Para o pleno efeito, o cão deve primeiro ser totalmente cultivado. O mesmo se aplica à cauda. Em cachorrinho, a cauda do Pequeno cão holandêss assemelha-se quase a um dachshund ou a um terrier. Só algum tempo mais tarde é que uma cauda felpuda se desdobra, com o pequeno spaniel a carregar a sua cauda logo acima da linha posterior.

O treino de cães de caça

Treino para se tornar um cão de caça aprovado pelo estado é um passo opcional. Se está a pensar em obter um Pequeno cão holandês Nederlandse como cão de família, pode saltar este passo, mas devido à longa história de caça, alguns passos e métodos de treino de cães de caça podem ajudar na vida quotidiana de um cão. O objectivo do treino de cães de caça não é apenas para que o caçador e o companheiro possam caçar juntos, mas sim para alcançar métodos quotidianos que todos os donos devem conhecer. Isto inclui andar sem trela, aprender e executar comandos, voltar para o dono quando solicitado, e comportar-se adequadamente em relação a outras pessoas e cães. Todas estas coisas são essenciais na caça, mas também na vida quotidiana. Uma vez que alguns aspectos muito importantes são aqui discutidos, o treino de cães de caça é listado neste livro antes da educação efectiva do cão.

Quer seja para a caça ou como cão de família, é importante iniciar a educação em cachorros. O cão deve aprender que nem todo o comportamento é bom e que podem ocorrer situações perigosas dentro da caçada. Por exemplo, deve ser entendido que haverá sempre um certo nível de perigo ao manusear uma arma. Deixar um cão não treinado perto de uma caçada pode resultar em ferimentos graves que poderiam ter sido evitados.

A este respeito, um cão de caça aprovado pelo Estado deve primeiro passar um exame. Os muitos regulamentos de exame não são muitas vezes fáceis de compreender e os principiantes, em particular, podem rapidamente ficar sobrecarregados. Estes regulamentos de exame não são apenas sobre testes de obediência geral

- esta parte do exame chama-se "Landeseigene Brauchbarkeitsprüfung" - mas são também exames específicos para cada raça canina, especificamente adaptados a cada raça. Isto deve-se à história da caça, já que muitas raças de cães foram criadas para uso directo na caça e não são consideradas animais de estimação. Isto também significa que a palavra "cão de trabalho" pode ser utilizada no âmbito do teste.

Durante as últimas décadas, as directrizes mudaram várias vezes, uma vez que nos últimos 100 anos houve uma mudança moral em relação ao bem-estar animal. Algumas regras foram reforçadas enquanto outras foram flexibilizadas. Por exemplo, há apenas alguns anos, um potencial cão de caça tinha de vir de uma raça específica que fosse reconhecida por criar cães de caça. A fim de treinar o próprio cão para se tornar um cão de caça reconhecido pelo Estado, era necessário um documento que provasse que o cão tinha sido criado para o desempenho da caça. Ainda hoje existem estados federais que querem ver tal prova de reprodução de desempenho no apêndice escrito, mas o número destes estados federais é limitado e na maioria dos casos tal prova é dispensada desde que o cão provenha de uma raça de cão de caça aprovada ou uma certa percentagem no caso de raças mistas pertença a uma raça de cão de caça reconhecida. Entretanto, portanto, também é dispensado um pedigree exacto - em muitas procriações é entregue um pedigree ao comprador. Hoje em dia é suficiente se o cão tiver um número de chip ou se o potencial caçador puder identificar o seu cão com um passaporte de animal de estimação se o cão não for lascado. A identificação do cão hoje em dia é assim muito mais fácil do que era há alguns anos atrás.

O teste em si inclui os seguintes campos: teste de obediência geral, recuperação em terra e na água, trabalhos de construção e trabalhos de soldadura e recuperação. Todos estes temas devem ser apresentados numa demonstração. Deve-se notar aqui que nem todos os cães são adequados para cada área temática. Um Weimaraner, por exemplo, é demasiado grande para assumir a tarefa de um Teckel e desaparecer numa toca de raposa ou texugo. É igualmente difícil para um Teckel assumir a tarefa de um cão pontiagudo como um Weimaraner e enfrentar caça ao vermelho e ao alce e recuperar aves de grande porte. No entanto, todos os campos mencionados são tópicos básicos que não precisam de ser aperfeiçoados, mas compreendidos. São testados no teste de aptidão física do cão de caça para garantir que não há lesões em nenhum dos campos mencionados. Isto porque numa caçada há normalmente muitos outros caçadores que trabalham em conjunto com os seus cães. Por conseguinte, é importante que o potencial cão de caça não desapareça numa toca juntamente com um pequeno dachshund, pois o dachshund não entendeu que é um trabalho de caça e não uma caça. Outro exemplo pode ser utilizado com cães de recuperação. O seu trabalho começa exclusivamente após o tiro. Antes ou durante o tiro, porém, o cão de caça não espera no carro de um caçador. Em vez disso, permanece perto do seu dono e tem de saber quando começa a sua tarefa e que não corre simplesmente a apontar ou a recuperar cães. Todos os aspectos de uma caça devem ser compreendidos com ela, mesmo que a área primária de utilização possa ser diferente.

Tanto para cães como para humanos, há muito a aprender antes de se proceder a um teste de cão de caça. Antes de pensar em utilizar o cão numa caçada, o dono e o cão devem ser submetidos a um treino íntimo, longe do teste de cão de caça propriamente dito. Em vez disso, o cão e o humano devem familiarizar-se um com o outro. Isto é melhor feito através de um treino inicial simples, que é um pré-requisito para qualquer treino de cães de caça.

FORMAÇÃO PARA PRINCIPIANTES E FORMAÇÃO EM OBEDIÊNCIA

O treino de iniciação ou de obediência é a base para a coexistência entre humanos e cães. Não se trata directamente de uma questão de idade. O treino de caça pode ser iniciado por qualquer cão, a idade é irrelevante. No entanto, é importante compreender que os cães aprendem de uma forma semelhante aos seres humanos. Na infância, algumas coisas são muito mais fáceis. Por exemplo, as crianças podem aprender uma segunda e terceira língua muito mais facilmente se isto lhes for ensinado desde tenra idade. Os adultos não têm estes privilégios. Muitas vezes têm muito mais dificuldade em aprender coisas novas. Isto é semelhante com os cachorros. Se um cão começa a ouvir comandos quando ainda é um cachorro, então o treino posterior é mais fácil. É claro que um cachorro não é libertado directamente da trela, isto só acontece mais tarde, mas as primeiras fundações podem ser lançadas para que possa aprender coisas novas mais tarde e internalizá-las melhor.

Ensinar a um cão jovem os princípios básicos da caça, ou ouvir os donos na vida familiar diária, proporciona assim uma grande vantagem, mas os cães mais velhos ainda podem aprender os princípios básicos e ir longe, mesmo que a obediência adequada exija mais paciência.

Antes de se poder pensar no treino de caça, deve ser estabelecida uma ligação especial entre homem e cão, o que também desempenha um papel importante na vida familiar quotidiana. Por conseguinte, deve ser dado tempo para se conhecer o animal. Tal como o cão deve imprimir-se no dono, o mesmo deve acontecer com o humano. Isto é tão importante para um cão de caça como para um cão de família. É também importante começar a formação com contacto externo numa idade igualmente precoce. Isto é importante porque é de relativamente pouca utilidade se o cão só for treinado no dono e no jogo. Pode levá-lo a parecer agressivo para com outros caçadores ou a atacar os cães de outros caçadores. Não é invulgar que o caçador e o cão de caça estejam muito afastados um do outro, de modo a que nem sequer se possam ouvir chamadas ou um apito de cão. Por conseguinte, acontece frequentemente que um caçador leva um cão estranho para o seu carro e o traz de volta ao ponto de recolha. Portanto, as ordens de estranhos e especialmente de caçadores também devem ser ouvidas na melhor das hipóteses.

Segue-se que os comandos universais devem ser utilizados. Os comandos extravagantes podem reforçar o vínculo, soar bem e, incidentalmente, podem causar uma impressão na família e nos amigos, mas em situações graves, que podem ocorrer não só na caçada mas também numa caminhada diária, não ajudam.

A obediência geral desempenha, portanto, um grande papel. Numa idade jovem, o trabalho já pode ser feito com comandos simples, mas o "trabalho no trabalho" também é importante. Isto significa que mesmo os cães suados, que silenciosa e lentamente fazem a busca com trela, enquanto os cães apontadores são afivelados e por isso não ficam com trela, devem ser ensinados a andar correctamente com trela. Isto inclui, entre outras coisas, que o cão se mantenha sempre ao mesmo nível que o dono e não corra simplesmente à frente. O cão deve portanto ser ensinado a "andar de calcanhar", embora se deva dizer aqui que os cães suados e Bracken andam à frente, geralmente a uma distância de três a sete metros, mas a caminhada real sobre a trela fora do trabalho ainda deve ser aprendida. A marcha com trela pode ser bem treinada fazendo uma inversão de marcha sempre que o cão com trela corre demasiado à frente. Este método garante que o cão olhará para o dono para ver qual a direcção a seguir.

O que foi aprendido pode ser consolidado com o desaparecimento da trela de vez em quando. É desta forma que se pode aprender a curvar. Na linguagem do caçador, isto significa que o cão pode correr completamente sem trela e ainda se orientar para o dono. Essencialmente, isto envolve o cão a responder a sinais ou chamadas manuais, mas este é um passo opcional. Os comandos universais são suficientes. No entanto, um olhar para a mão do proprietário vale sempre uma recompensa, porque no passo seguinte, que é um pouco mais avançado, uma mão pode ser segurada para baixo. A mão deve ser estendida e achatada na cabeça do cão ou logo acima dela. Este treino pode garantir que o cão se mantém sempre ao nível da palma da mão. Se quiser aumentar a dificuldade, pode tentar a mesma coisa com alturas diferentes. O objectivo é que o cão fique sempre perto da mão com a sua própria cabeça, mesmo que a mão seja mantida muito mais baixa, por exemplo. Ao comando, deitar-se pode ser treinado com isto.

Não só é importante aqui que o dono se mantenha consistente, como todos os donos de cães devem estar conscientes de que sem o sistema de recompensa correcto, nenhum sucesso pode ser alcançado. Os cães são animais dominantes que não são inatamente submissos. Da mesma forma, os cães são animais muito inteligentes. Se não forem recompensados, não darão ouvidos ao proprietário. Por exemplo, os Golden Retrievers são cães de muito baixa manutenção que são bons para principiantes por serem de natureza bastante submissa. São considerados muito bons recuperadores e podem ser encontrados em todos os tipos de desportos. No entanto, isto não é uma capacidade inata, eles comportam-se de forma submissa para agradar aos seus humanos. No entanto, a mera carícia não é suficiente, mesmo para um Golden Retriever submisso. É necessária uma motivação extra para que um cão sinta prazer. Ao mesmo tempo, deve ser dito aqui que nenhum cão deve ser adquirido se a ideia básica é que um cão não se deve divertir com o seu "trabalho": são seres vivos que muitas vezes não compreendem a gravidade de uma situação, isto também não pode ser treinado.

Tanto o sistema geral de recompensas como a formação de clicker serão explicados no próximo capítulo. Os parágrafos seguintes deste capítulo tratam do treino específico de caça, adequado para um cão com uma longa história de caça, como é o caso de um Pequeno cão holandês. Os métodos listados podem ser melhor aprofundados e aprendidos através da habituação. Isto aplica-se igualmente tanto ao comportamento positivo como ao negativo. Quanto mais frequente for realizado um certo treino ou actividade, mais rapidamente o cão compreenderá o que o dono lhe está a pedir.

Treino de rastreio - Recolher um rasto

O treino de rastreio é o primeiro grande marco no treino de qualquer cão de caça em gestação. É um dos métodos mais simples que pode ser ensinado a um cão, pois começa por trabalhar com um rasto alimentar.

O nariz de um cão é um órgão incrível que pode ser usado de muitas maneiras. No mantrailing, o órgão olfactivo é utilizado para salvar vidas, onde pessoas desaparecidas podem ser encontradas, seja numa floresta, enterradas debaixo de uma avalanche ou enterradas debaixo de uma casa desmoronada. Na caça, por outro lado, são utilizados rastos de animais, seja um rasto de cheiro normal ou o suor e, portanto, o sangue de um animal de caça. Mesmo que seja este o caso, na vida quotidiana o cão raramente usa o seu focinho. O cão de hoje não aprendeu a confiar no seu nariz devido a várias raças e devido ao conforto do lar de hoje. Não há agora razão para o fazer, nem precisa de farejar o perigo nem de um cheiro de jogo para garantir a sobrevivência. Durante os passeios diários, por exemplo, pode-se observar que muitos cães já não seguram o nariz no chão, como é o caso dos lobos. No entanto, na formação de principiantes, o seu antigo sentido de olfacto ainda pode ser utilizado. É importante começar devagar. O uso do nariz não é fácil para um cão e pode ser muito cansativo. Especialmente no início, devem ser tidas em conta as pausas certas.

Tanto no caso do cão do dia-a-dia como no caso do futuro cão de caça, podem ser utilizadas linhas alimentares. Qualquer coisa pode ser escondida neles: carne crua ou recompensas secas.

As trelas alimentares podem ser utilizadas para trabalhar bem em bosques ou grandes jardins. Se o cão já tiver dominado os primeiros comandos e regressar ao dono sem hesitação, o treino pode ser feito em parques. Também deve ser considerada a razão pela qual o cão deve aprender a trabalhar com o seu nariz. Se é apenas para diversão e jogos durante o passeio diário, o ambiente é indiferente. Se quiser treinar um Pequeno cão holandês Nederlandse como cão de caça, deve, em vez disso, certificar-se de treinar frequentemente na área de utilização posterior. É importante que o cão possa mover-se sem estar amarrado a uma trela. Esta é a melhor maneira de perceber novos cheiros. Isto também tem a vantagem de os Pequeno cão holandêss serem verdadeiros cães apontadores, especialmente na água. Ao treinar no ar fresco e possivelmente também perto da água, o cão pode descobrir uma alegria inata da água, que não só é desejável no caso da caça, como pode trazer muita diversão com ela.

Basicamente, o treino de rastreio consiste em despertar os instintos primordiais do cão. A maioria dos cães de família tem desaprendido estes instintos ao longo do tempo, e é por isso que tem de ser ensinada aos animais de novo. No caso da caça, não se trata apenas do instinto alimentar geral, mas sobretudo da alcateia ou do instinto de presa. Apesar de tudo, há que ter cuidado para que o cão não só siga ordens ou pegue em rastos quando nele surge um sentimento de fome. As trelas dos alimentos devem, portanto, ser substituídas após algum tempo. Para que o Pequeno cão holandês continue a captar um cheiro, necessita de uma fase de habituação consistente e constante: o que foi aprendido não só deve ser repetido frequentemente, como também activamente aplicado.

Para facilitar esta fase de familiarização, pode ser utilizado um arnês de busca. É ainda importante que o novo território seja procurado, de preferência amarrado, para que o cão possa perceber coisas novas ao seu próprio ritmo e satisfazer a sua curiosidade. Com uma trela ele ficaria restrito, pois muitos proprietários não sabem como manusear uma trela correctamente. No trabalho de seguimento real, que é utilizado tanto na caça como na manutenção e, portanto, no salvamento de vidas, o cão permanece permanentemente na trela. Não obstante, é-lhe permitido mover-se livremente e o reboque, caçador ou dono segue-o sem restringir o movimento do cão. Nem todos os donos conseguem dar ao cão um comando sem restrições, especialmente porque isto não deveria acontecer na vida quotidiana; o humano está sempre no controlo. Um arnês, portanto, prova o seu valor, pois pode entender-se desde o início que colocar o arnês tem um significado maior: Há uma tarefa a ser feita. Além disso, o risco de lesões é muito menor. Se estiver a treinar sozinho e não tiver parceiro, pode amarrar o seu cão a uma árvore por um curto período de tempo, a fim de colocar uma pista. Não é invulgar os cães jovens puxarem fortemente a trela nestes momentos. Um cão que usa apenas uma coleira pode ser gravemente ferido por isto. A razão pela qual o cão deve ser amarrado é que não deve ver onde a pista está colocada, afinal de contas deve concentrar-se no seu nariz.

Uma linha alimentar deve ser conduzida à frente do cão, em contacto visual, para que o cão compreenda que tem de seguir uma pista. Assim que um rasto alimentar é abordado, o cão já não pode vê-lo. No entanto, o alimento, ou o que quer que esteja a ser treinado, deve ser mostrado ao cão com antecedência. É um artigo de odor que é apresentado. Na natureza existem inúmeros cheiros diferentes, que são muito mais proeminentes para um cão do que para um humano, pelo que é necessária alguma assistência para reconhecer qual o rasto a seguir.

Apresentar um artigo perfumado parece simples, mas mesmo os tratadores de cães em mantrailing têm os seus problemas com ele. É importante não ouvir a televisão aqui. Em séries ou filmes pode observar-se como o cão se senta entre as pernas do condutor e o condutor coloca um saco metade sobre a cabeça do seu cão. Por todos os meios, isto funciona; um cheiro proeminente certamente chega, mas em última análise o trabalho de localização representa sempre um jogo de busca para o cão, mesmo no salvamento da vida. Tal gesto, como acaba de ser descrito, não evocaria sequer uma reacção positiva nos seres humanos. Os cães são proporcionalmente mais pequenos, o que significa que têm uma perspectiva diferente e os objectos podem parecer muito maiores. Se não tiver cuidado, pode evocar os chamados sinais de apaziguamento no seu cão. Ocorrem sinais de conflito na linguagem corporal. Por exemplo, o cão tentará virar a cabeça ou virar a cabeça para o lado. Uma tal reacção viria também de qualquer ser humano.

Por conseguinte, é importante que seja dada ao cão uma certa liberdade. Os tratadores esquecem-se frequentemente da força do órgão olfactivo do cão. Não faz diferença se o artigo perfumado está bem acondicionado num saco que é quase colocado sobre a cabeça do cão, ou se o referido artigo é mantido a alguns centímetros de distância. Uma vez que o cão capta um cheiro, aproxima-se do objecto por um impulso natural e curioso. Quando é dada aos cães uma escolha, eles associam memórias e pensamentos positivos com uma tarefa futura.

É igualmente aconselhável pensar sobre se faz sentido parecer dominante para o cão. Numa dinâmica de equipa, este não deve ser o caso: Em vez de apertar o cão entre as suas pernas, o manipulador deve ficar ao lado do seu próprio cão e apresentar o artigo perfumado a uma distância apropriada e, portanto, confortável. Desta forma, pode ser dada ao cão a opção de se aproximar do item ou se a distância actual for completamente suficiente. O cão também deve ser autorizado a levantar-se. Na formação, é importante que estes pequenos gestos sejam recompensados. Na utilização posterior, a recompensa deve esperar até depois da tarefa.

Se o cão ainda não está suficientemente treinado, tem medo ou sente-se sobrecarregado, então não segurar o artigo perfumado pode ter um efeito positivo. Isto é bastante comum, pois alguns cães estão preocupados por muitas pessoas ou sentem-se desconfortáveis com a situação geral. O artigo pode ser colocado no chão e vale a pena se todas as pessoas, bem como o manipulador, se afastarem um pouco. Um cheiro pode assim ser captado por si só.

Uma vez dominada a apresentação do artigo perfumado, o artigo que representa os alimentos na formação pode ser escondido. É importante que o treinador esteja fora da vista do cão. A distância pode ser escolhida conforme desejado. Uma vez que o cão tenha compreendido o conceito geral, deve ter-se o cuidado de que depois de o cão já não poder ver o humano, o humano faça uma curva ou tome um canto para que o cão não corra na direcção em que viu o seu dono pela última vez. Este passo é opcional.

O verdadeiro trabalho de localização começa agora, pela primeira vez. Uma vez que o cão tem fome e acha a carne difícil de resistir, tentará seguir o cheiro. Isto treina o sentido do olfacto de forma natural.

Além disso, pode ser colocada uma chamada pista de arrasto. Isto requer equipamento especial: sapatos cujos calcanhares são esvaziados para fora para esconder carne crua no interior. É um sistema antigo que foi utilizado há séculos atrás. No entanto, estes sapatos não custam muito pouco e nem todos se querem dar ao trabalho de os limpar novamente. Se ainda quiser trabalhar com uma pista de arrastamento, pode atar um pedaço de carne ou um osso a um fio e conduzi-lo para trás ou amarrá-lo ao seu próprio tornozelo. Isto pode ensinar ao cão que os rastos podem mudar e mover-se. O contacto visual é importante aqui, o trabalho é feito à vista do cão. Enquanto o cão permanece desamparado, o treinador anda por turnos e anéis. O grande objectivo é que o cão não corra imediatamente atrás do seu dono, mas leia activamente a pista. Desta forma, pode ser treinado em tenra idade que o cão seguirá mais tarde o jogo de livre arbítrio.

Recompensar pequenos sucessos ou tentativas desempenha um grande papel neste contexto. Toda a formação significa trabalho e, portanto, também esforço. Além disso, o cão é exposto a muitas impressões. Isto pode rapidamente tornar-se avassalador. Também devem ser observadas as quebras.

Aqueles que têm uma ligação particularmente boa e forte com o seu cão podem usar de comportamento evasivo, mas com cautela! Em vez de recompensar o cão por cada tentativa, ele só é recompensado por ordens executadas. Desta forma, pode compreender-se que ele só receberá recompensas por uma tarefa concluída e que só então o proprietário "lhe dará um descanso". Outra vez é colocada uma pista, desta vez sem um alvo de tracção, sem comida ou outras iguarias. O caçador desenha o seu próprio rasto com o seu próprio cheiro. Seguindo os passos de baralhamento, é dado um simples comando. O objectivo é que o cão mantenha o seu nariz perto do chão. O comando é seguido por uma repetição constante até o cão já não levantar o focinho. Se ele se afastar do solo, a repetição começa de novo. Este é um método ultrapassado e algo agressivo que pode confundir um cão. Pode levar ao medo e à avassaladora. Na pior das hipóteses, isto pode levar o cão a não querer colocar o seu arnês de busca. Isto pode levar a ligações defeituosas. Este método não é portanto recomendado para principiantes, pois nem todos conhecem a diferença entre coerção negativa e positiva.

Os dois primeiros métodos descrevem métodos mais calmos que são mais suaves para o cão e conduzem ao objectivo com os passos certos. Tudo o que é necessário é tempo e repetição constante. Para aumentar o nível de dificuldade, é possível trabalhar com ângulos alterados. Isto significa que o treinador pode fazer uma curva errada para tirar o cão da pista. Agora a mesma pista deve ser pesquisada de um novo ângulo. Nesses momentos, o cão pode também puxar o arnês. O objectivo é que não haja um puxão excessivo, mas que ele se oriente para o manipulador e lhe dê os sinais certos.

Uma vez que os alimentos não são procurados durante uma caçada, os alimentos/recursos devem ser retirados da formação em algum momento, se não for uma recompensa activa. Agora os objectos podem ser utilizados. Devem ser suficientemente grandes para poderem transmitir um bom cheiro. Isto só é necessário no início, mais tarde estes artigos podem ser reduzidos em tamanho. Alguns cães que são capazes de aprender compreendem muito rapidamente que já não se trata da comida, mas que um cheiro novo e diferente deve ser procurado. No entanto, nem todos os cães são suficientemente rápidos. Portanto, o mesmo objecto deve ser utilizado no início, mais tarde pode ser alterado e alterado. Não deve ocorrer tédio nem habituação. Outra forma de aumentar a dificuldade é trabalhar com vários objectos que ou parecem iguais ou são semelhantes. Isto leva a um desvio de direcção. Vários rastos são postos e o cão deve agora distinguir e descobrir activamente qual deles seguir. Se o cão correr na direcção errada, não há problema. Na maioria dos casos, ele notará por si mesmo qual é a pista errada. Ele corrigirá a si próprio ou seguirá uma pista até ao fim e notará que não há recompensa. Agora tenta-se a próxima pista. O cão corrige-se a si próprio.

Ver

Apontar é uma subcategoria para todo o treino e recuperação de rastreio. Se não houver instruções claras do caçador ou do dono, o cão deve esperar por comandos futuros - deve ser ensinado a ter paciência.

A indicação é a marcação de objectos, pistas ou jogo de tiro. Esta marcação pode ser feita ou fazendo o som típico ou, durante um pedúnculo ou em mantrailing, sentando e esperando por mais instruções.

Não é fácil para um cão aprender a indicar: não é uma criatura paciente. A recolha de um objecto deve, portanto, ser o mais difícil possível. Isto pode ser feito com chupetas que estão atadas a uma raiz ou a uma pedra. O cão deve compreender que ele próprio não pode alcançar o objecto e que precisa da ajuda do seu dono. Ele vai puxar e rasgar o boneco e em breve perceberá que não vai chegar a lado nenhum, o mais tardar quando se tiver esgotado. Não só a paciência pode ser aprendida desta forma, mas o cão também compreende que tem de chamar a atenção para si próprio se quiser realmente o que foi amarrado e está, portanto, fora do seu alcance.

Formação de bonecos - recuperar e trazer de volta objectos

A formação de bonecos é outra parte da formação de rastreio. Isto implica a utilização de objectos explícitos que se assemelham à área de utilização posterior. É activamente treinado para distinguir entre pessoas, objectos e animais.

Um boneco é uma figura ou um boneco que pode aparecer em muitas variações diferentes; figuras de animais selvagens ou bonecos de aspecto humano podem ser encontradas com particular frequência. A formação de chupeta faz parte tanto da formação de principiantes como da principal área de treino para cães de caça. Estes são também treinados para "caça ao homem", para trabalhos de salvamento. Assim, estes bonecos de aspecto humano podem ser usados para simular pessoas a serem enterradas sob escombros ou a desaparecerem atrás de obstáculos sem que pessoas reais estejam em perigo. Estes bonecos humanos são em tamanho real. Isto ajuda o cão a compreender as proporções e tamanhos gerais.

Na caça normal, o treino fictício não é assim tão simples. Os manequins não podem ser mudados nem ficar imóveis. Isto acontece porque os animais selvagens na natureza raramente ficam parados. Em vez disso, são utilizadas as mais diversas formas de manequins.

Os tópicos para os quais o treino fictício prepara explicitamente o cão são repouso de postura, apontamento e marcação, e busca perdida.

A maioria das raças de cães tem uma agudeza de jogo pronunciada. A Pequeno cão holandêss raramente mostra uma forte nitidez de jogo. São animais particularmente calmos, mesmo perante o jogo do "free-roaming". Uma nitidez controlada da caça, como é o caso dos pequenos Spaniels, é particularmente positiva para qualquer tipo de caça. A agudeza do jogo descreve que o cão reage a um jogo. Refere-se à adrenalina que é libertada durante uma caçada. Os Terriers e Bracken, por exemplo, são portanto menos adequados como cães de família, uma vez que o seu entusiasmo pela caça é fortemente pronunciado. Isto está ancorado na sua composição genética e só pode ser alterado com dificuldade.

Quando se trabalha com chupetas, também pode ocorrer um comportamento de acuidade do jogo. O objectivo básico é que o cão aprenda que apenas animais ou manequins seleccionados devem ser seguidos. Estes devem ser seleccionados pelo proprietário. Para que isto seja conseguido, é necessário que haja uma ligação sólida entre o assistente de caça e o manipulador. O cão deve orientar-se para o caçador e esperar por sinais de permissão. Também aqui, o sistema de recompensa desempenha um papel importante.

No início, o cão vai ficar inquieto ou mesmo gemer ou fazer outros sons, por exemplo, quando um boneco ou mesmo uma bola é atirada, mas o cão não está amarrado e por isso permanece na trela. O objectivo é que ele não só fique sentado, mas que olhe para o seu dono - pedir autorização. Inicialmente, esta permissão não deve ser dada. Em vez disso, o cão deve compreender que não está no controlo, ao mesmo tempo que aprende também a não reagir com entusiasmo a cada movimento.

Para aumentar o nível de dificuldade, o arnês de busca pode ser removido ou a trela pode simplesmente ser largada no início. Além disso, deve permanecer consistente, porque mesmo a fivela não deve dar permissão imediata ao cão. Uma vez estabelecida esta situação, a verdadeira formação fictícia pode começar. Aqui pode praticar a recuperação e trazer de volta o boneco. Assim que o cão pede permissão, ela é dada. A fim de tornar o sistema real compreensível, só deve ser dada uma recompensa após a recuperação bem sucedida do objecto. É importante aqui que o cão tenha sido capaz de seguir a trajectória. Ele deve ir buscar o boneco pelo caminho mais curto. Em relva alta ou em terreno pouco claro ainda pode acontecer que o boneco não possa ser encontrado directamente. Neste caso, é necessário o encorajamento do dono para que o cão procure a área por si próprio, o que na maioria dos casos acontece muito naturalmente. Essencialmente, as capacidades de rastreio devem ser incluídas na formação de bonecos.

Esta formação é uma base positiva não só na caça. Após o tiro, a caça é devolvida ao caçador se for um animal de pequeno a médio porte, como um faisão ou uma raposa. Este método é principalmente dirigido às aves. Os Pequeno cão holandêss são aqui verdadeiros peritos. Aprendem rapidamente por causa da sua composição genética. Ao mesmo tempo, este treino pode ser utilizado com qualquer outro cão, uma vez que é semelhante à prática de jogar à bola e pode, portanto, trazer muita diversão durante o passeio diário.

Os espanhóis, contudo, são cães bastante pequenos que só apontam cães quando estão a caçar patos. Já com lebres grandes podem ter os seus problemas e também algumas aves são simplesmente demasiado grandes. O trabalho também deve ser feito com bonecos grandes para que o cão aprenda o que pode ser feito nestes momentos. O jogo de tiro não pode ser trazido de volta, mas também não deve ser deixado deitado, caso contrário a carcaça pode não ser encontrada. É aqui que a exibição deve ser aprendida.

Deve ser dada grande ênfase à paciência ao mostrar. O cão deve aprender a esperar por instruções e permissão. Uma vez alcançado este objectivo, o passo seguinte é procurar activamente ou recuperar o boneco. Há dois métodos que podem ser utilizados aqui: ou o cão deve ser instruído pelo seu dono ou a busca é realizada de forma independente. É sempre possível que o cão não tenha sido capaz de observar o percurso de voo de um pássaro ou o desaparecimento de caça. Tal como acontece com os seres humanos, por vezes a atenção está noutro lugar. Nesses momentos, o caçador deve intervir e dirigir activamente o cão. Isto significa que a direcção aproximada pode ser clara para o cão. Muito poucos caçadores confiam em instruções verbais. Em vez disso, trabalham com sinais manuais e possivelmente com um apito curto para que a atenção do companheiro de quatro patas esteja voltada para o seu dono.

A fim de aprender as noções básicas de apontar, um apito de cão pode ser usado no início. Em vez de atirar o boneco, deve agora ser escondido sem que o cão repare no esconderijo. Também deve ser tão complicado que o cão necessita de instrução activa e deve, portanto, orientar-se para o dono. Agora chegará ao ponto em que o cão tentará deixar jogar as suas capacidades de localização. Se os objectos estiverem muito bem escondidos, isto pode demorar algum tempo. Se o apito do cão for agora utilizado, o treinador pode não só chamar a atenção para si próprio, mas ao mesmo tempo indicar com um movimento da mão onde o cão deve procurar. Isto pode ser bem trabalhado em conjunto com a busca perdida, porque na busca perdida tem de confiar na instrução activa. Ao mesmo tempo, isto treina a independência do cão. Se quiser aumentar ainda mais o nível de dificuldade, pode distribuir e esconder várias chupetas, algumas mais fáceis, outras mais difíceis. Desta forma, pode-se aprender que uma caçada nem sempre termina quando se encontra um único jogo. Muitas vezes uma caçada pode incluir muitos animais, que podem ser simulados com muitos bonecos.

A propósito, um assobio de cão ainda pode ser transportado no equipamento, pois nem todos podem assobiar particularmente alto!

O treino de bonecos descreve uma boa maneira de ensinar os princípios básicos da caça a um possível cão de caça. Este treino é uma parte essencial do teste estatal, mas ao mesmo tempo um cão de família também pode beneficiar muito deste treino, por exemplo, durante um passeio diário. É prático trabalhar com pequenos manequins no início, tais como sacos de pano cheios de recompensas secas. Só mais tarde deverá trabalhar com manequins que representam diferentes tipos de animais. Com estes, a recuperação pode ser praticada melhor do que com sacos pequenos. Ao mesmo tempo, é importante introduzir lentamente o cão a diferentes texturas de pelagem e pêlo. É raro encontrá-los num passeio normal - são os pequenos passos que podem ajudar um cão a progredir.

COMPORTAMENTO DE CAÇA INDESEJADO - A FORMAÇÃO ANTI-CAÇA

Dentro do treino de caça, podem ser utilizados vários métodos, todos eles com um objectivo simples: amortecer a nitidez da caça ou controlá-la. A nitidez da caça já foi mencionada nas páginas anteriores, mas como é uma parte essencial do teste de aptidão física de um cão de caça, o assunto deve ser internalizado mais uma vez aqui. Basicamente, um cão bem equilibrado é necessário para o sucesso na caça, mas uma vez que muitas raças de cães foram explicitamente criadas para a afiação na caça ao longo dos últimos séculos, apenas muito poucas raças são hoje activamente criadas para a vida como cão de família ou mesmo para a vida de um cão de caça. Há uma grande libertação de adrenalina onde estas raças criadas têm dificuldade em se controlarem a si próprias.

Isto pode mostrar-se de várias maneiras. Nem sempre tem de ser uma dramática perda de controlo, mas a ferocidade descontrolada pode mostrar-se num simples passeio, quando um cão corre em direcção a um pombo, um esquilo ou outro cão, e não com a intenção de ser amigável.

Na caça, é treinada uma chamada "boca macia". Esta expressão refere-se a não deixar marcas de dentes quando se recupera um animal de caça. Uma vez que o animal vai ser processado, não deve haver mais ferimentos após o tiro, e isto inclui as marcas dos dentes do cão. É preciso um tiro limpo para manter um troféu de caça o mais intacto possível. Uma boca macia pode ser treinada dentro de um treino fictício. O objectivo é que o cão recupere o boneco, e que o faça sem rasgar, perfurar ou mastigar. Em vez disso, o boneco só deve ser mantido. Isto é igualmente prático na vida quotidiana para atirar bolas ou brincar com paus. Isto pode assegurar que os novos brinquedos não têm de ser comprados a intervalos regulares.

Da mesma forma, a boca macia conta como treino para principiantes, uma vez que se pode garantir que as crianças não correm perigo quando lidam com um cão. Pode sempre acontecer que a mão de uma criança entre acidentalmente na boca do cão, sobretudo devido a uma curiosidade humana inata. Não há mais acidentes graves se o cão não morder directamente quando algo entra em frente da sua boca.

Ao mesmo tempo, isto pode reforçar a ligação entre humanos e cães. Por exemplo, alguns caçadores pretendem activamente treinar o seu cão para pôr a mão na boca do amigo de quatro patas, e o cão, por sua vez, descansa os dentes na mão do caçador. Mais especificamente, o treino anti-caça tenta controlar a natureza agressiva e criada do cão.

O treino anti-caça também inclui o treino do cão para ser "à prova de bala". Isto é bastante menos prático para a vida quotidiana, mas muito específico para a caça. Trata-se de um cão de caça que já não reage com entusiasmo a ruídos altos, como o som alto de um disparo de arma de fogo. É bem sabido que os cães têm melhor audição do que os humanos. Isto significa que eles são muito sensíveis a ruídos fortes. Pode haver uma libertação de adrenalina muito maior do que numa simples caçada. Devido à sua audição particularmente bem desenvolvida, muitos cães têm problemas na noite de Ano Novo. Devido à libertação de adrenalina, fazem ruídos típicos como o latido alto, o latido e a lamúria. Não fazem ideia do que fazer com a libertação de adrenalina, ficam sobrecarregados e têm de a processar de alguma forma. Normalmente, isto seria feito correndo, pois esta é a forma natural de os cães processarem a adrenalina. Isto não pode acontecer quando os cães estão nos seus canis ou num apartamento. Também seria difícil fazer isto quando eles estão a passear e permanecem com trela. É portanto uma reacção natural reagir contra os comandos quando há ruídos fortes.

No treino de cães de caça, são feitos esforços activos para assegurar que os cães já não exerçam a sua nitidez de caça. Isto pode ser aplicado a muitas situações. Por um lado, não se trata apenas de correr imediatamente quando um tiro é disparado, e não importa de que caçador vem o tiro, mas também de como o cão reage quando confrontado com uma caça estranha. Numa caçada de carro, por exemplo, é importante que o cão só comece a ladrar sob comando. Esta forma de caça consiste em conduzir activamente a caça, pelo que lhe é permitido agir agressivamente, mas não fora de controlo. Em qualquer forma de caça, um tiro pode ser disparado muito perto do cão, e se o cão não for treinado para isso, então há uma libertação maciça de adrenalina, que não pode ser facilmente processada. O cão pode esquecer tudo o que aprendeu e agir especificamente de acordo com os seus instintos naturais. Isto significa que podem surgir situações perigosas, especialmente se as chamadas do proprietário já não ajudarem.

Tornar um cão de caça à prova de tiro é, portanto, uma das maiores prioridades. Dentro do treino, o cão deve estar preparado para os disparos, o que significa que se seguirá uma reacção ao primeiro tiro, o que não parece positivo. Ocorrerá um comportamento normal, que acabará por ser descartado durante o treino. A libertação de adrenalina pode agora manifestar-se de diferentes formas: O cão pode ficar assustado ou pode reagir de forma agressiva. As reacções são diferentes para cada cão. Os cachorros pequenos reagem geralmente menos fortemente do que os cães já adultos. É importante que o dono dê o exemplo, ele deve mostrar calma, a qual pode então ser transferida para o cão. É igualmente importante que um cão recentemente adoptado não seja imediatamente atirado para esta situação, em vez disso já deveria existir uma forte ligação entre cão e dono. O objectivo do exercício real é que o cão não esteja directamente preparado para o tiro, mas que a atenção permaneça com o dono, ele deve distrair o cão. Então, após algum tempo, o cão deixará de estar interessado nos ruídos estrondosos por si só.

Aqui vale a pena treinar com dois caçadores ou com uma pessoa adicional que, no caso de treino de caça, sabe como a pessoa tem de manusear uma arma, e no treino diário, podem ser utilizados diferentes instrumentos e objectos. É claro que o dono real também pode fazer o treino, mas se um terceiro o fizer, o dono pode cuidar melhor do seu cão. Um passeio numa floresta isolada é particularmente adequado para isto. Uma vez na floresta, as duas pessoas devem separar-se. Enquanto o dono vai dar um simples passeio, brinca com o cão e o envolve em vários métodos, o outro caçador deve ir até à distância mínima da arma que este último transporta. A referida distância mínima varia de arma para arma. Basicamente, a ideia é que o cão deve ouvir o tiro, mas, por enquanto, à distância. O objectivo é manter o cão ocupado e distraído o suficiente para ouvir o tiro, mas não para reagir a ele. O proprietário também não deve, portanto, ser distraído pelos tiros e não deve exagerar na reacção. Tal como o cão deve ser treinado para ignorar o tiro, o humano deve dar o exemplo e ignorar o tiro da mesma forma. O cão deve ser levado a compreender que o disparo não é um som assustador, mas algo comum.

Se não treinar um cão de caça, mas no entanto tiver um cão que reage com uma libertação violenta de adrenalina a ruídos altos, pode enviar uma segunda pessoa com um assobio alto ou foguetes.

O processo de jogo intenso deve ser mantido constantemente enquanto o segundo caçador ou companheiro continua a aproximar-se da dupla de caçadores-proprietários. Os tiros tornam-se mais altos e mais proeminentes. Antes da caminhada, deve ser acordado um certo ponto onde as duas pessoas se voltarão a encontrar. Enquanto se brinca e se distrai o cão, este ponto deve ser abordado mais a fundo. O objectivo descreve que em algum momento a segunda pessoa pára a poucos metros de distância do cão e dispara um último tiro.

Em relação às armas, uma simples espingarda deve ser utilizada no início, pois esta forma de arma é mais comum numa caçada. É um dos métodos mais silenciosos. Para aumentar o nível de dificuldade, a espingarda pode ser substituída por uma espingarda de susto antes de passar a manusear uma espingarda. Após muitas sessões de treino, o cão deve permanecer sentado ao lado do manipulador com um simples comando enquanto a espingarda é operada.

Aqueles que não podem trazer uma segunda pessoa mas ainda querem praticar as suas capacidades de tiro podem dar um passeio perto de uma carreira de tiro. O tiroteio irá ocorrer de vez em quando, embora as hipóteses sejam menores do que com um duo de caça.

No entanto, antes de se poder pensar em qualquer um dos métodos, é necessário que haja uma ligação sólida entre o ser humano e o cão, mas mesmo isto por vezes não é suficiente. Mesmo os animais treinados podem ladrar alto ou libertar uma grande massa de adrenalina todos os anos na véspera de Ano Novo. Mesmo com repetição constante, esta libertação de adrenalina ainda pode ocorrer; afinal, a maioria dos cães estão habituados ao Ano Novo do ano passado. Os cães de caça são normalmente mais concentrados, embora ainda possam ocorrer excepções. Uma ligação consolidada é, portanto, tão importante para evitar lesões ou acidentes mais graves. As reacções são normais e não devem ser punidas. Ruídos altos também podem assustar as pessoas, caso elas não sejam ouvidas directamente. É importante compreender que os cães se comportam frequentemente como espelhos: Se o humano permanecer calmo, o cão também permanecerá calmo, mesmo que a certeza nem sempre seja dada.

O treino anti-caça e especialmente o treino de resistência aos tiros não deve ser feito na idade dos cachorros. Os cachorros podem não reagir tão violentamente como os cães adultos, mas os cachorros podem ser mais facilmente traumatizados. A este respeito, é importante compreender que haverá constantes reveses e falhas durante os primeiros meses. Haverá uma intensa adrenalina. O treino de resistência aos tiros é, portanto, um dos mais difíceis e a longo prazo. Não é raro que demore anos até que os cães deixem de mostrar qualquer reacção a um tiro. Os cachorros não devem portanto ser trabalhados, mas os cães mais velhos também demoram muito mais tempo: um cão jovem e em forma pode portanto ser tornado à prova de bala mais facilmente.

A DIETA CERTA

Se ama o seu cão, quer naturalmente alimentá-lo com uma dieta saudável. Entretanto, existe uma selecção inacreditavelmente grande de tipos de alimentos e métodos de nutrição. É quase impossível acompanhar todos eles. Basicamente, faz sentido diversificar a dieta do seu cão de qualquer forma para evitar uma dieta unilateral. Além disso, o seu cão não deve habituar-se tanto a um único tipo de comida que já não queira comer nenhum outro. A comida deve, evidentemente, ser apropriada para a idade do cão. Para cachorros e cães mais velhos, há alimentos especiais que se adaptam às suas necessidades. Além disso, pode sempre complementar a dieta do seu cão com batatas, arroz e vegetais cozinhados em casa. Teoricamente, também pode alimentar o seu cão apenas com comida caseira, mas depois deve prestar muita atenção para lhe fornecer todos os nutrientes necessários. É melhor consultar o seu veterinário e ler a literatura relevante.

Uma dieta vegetariana também é possível, mas também requer uma abordagem especial. Estudos científicos de campo mostram que uma dieta canina vegetariana é basicamente possível. No entanto, como em qualquer dieta, é necessário certificar-se de que esta é equilibrada e satisfaz as necessidades do cão em vitaminas, minerais, proteínas e energia.

Quando se compra uma comida pronta, deve sempre dar primeiro uma vista de olhos à lista de ingredientes. Afinal, quase todas as embalagens de comida para cão anunciam que a comida é particularmente boa para o seu cão. Em muitos casos, é possível, pelo menos de forma aproximada, julgar quão próxima esta promessa está da realidade com apenas um olhar. Basta dar uma vista de olhos à lista de ingredientes. Se encontrar aí uma lista de ingredientes largamente misturada, isto geralmente fala contra a utilização de ingredientes de alta qualidade. Serão indicados ingredientes de alta qualidade. Em vez de "cereais", deveria dizer exactamente quais os cereais que estão contidos, por exemplo "aveia". A afirmação "contém subprodutos animais" pode esconder muitas coisas. Na maioria dos casos, trata-se de resíduos de matadouros, tais como tendões e cartilagens. É portanto melhor especificar exactamente que carne contém o alimento, por exemplo "carne muscular" ou "coração de vaca". Certificar-se de que a ração contém proteínas suficientes. Isto é encontrado em carne muscular, ovos e fígado, entre outras coisas. Também não deve haver falta de elementos vestigiais, que se encontram em muitos tipos de carne, cereais, leguminosas, leveduras e frutos secos. O seu cão pode obter vitaminas de muitos produtos vegetais, batatas, fruta crua e hidratos de carbono. Os aditivos não devem, idealmente, ser incluídos de todo ou apenas em pequenas quantidades.

Uma forma um tanto confusa mas importante de descobrir quão boa é a dieta do seu cão é verificar as suas fezes. Idealmente, os movimentos intestinais deveriam ser regulares e sem problemas. As fezes não devem ser demasiado sólidas ou demasiado líquidas e devem ser de uma cor castanha saudável. Os maus alimentos podem causar problemas digestivos sob a forma de obstipação ou diarreia. Os excrementos demasiado escuros ou demasiado claros também não são um bom sinal. Além disso, as fezes terão um cheiro particularmente desagradável se o seu cão estiver a comer comida de má qualidade. O mesmo se aplica à flatulência. Num sentido figurativo, também beneficia de uma dieta saudável para o seu amigo de quatro patas, uma vez que tem menos com que se preocupar com cheiros desagradáveis.

Há também alimentos que os cães não devem geralmente consumir. Estes incluem chocolate, açúcar e uvas ou sultanas. Os cães também não devem comer cebola, batata crua, sementes de frutos de caroço e abacates. Também não deve alimentar o seu cão com carne de porco crua. Os ossos de aves de capoeira podem ser perigosos, uma vez que se podem lascar.

Comportamento alimentar e sistema digestivo

Pode alimentar o seu cão uma vez por dia, sob a forma de uma grande refeição, ou várias pequenas refeições. Alguns cães tendem a devorar a sua comida muito rapidamente. Embora isto esteja na sua natureza, pode ser problemático. Para tais casos, existem tigelas especiais que têm pequenos nós embutidos que podem impedir o engolir. Se tiver vários cães, é muito importante que cada cão tenha a sua própria tigela de comida e água. Os cães devem ser capazes de comer sem serem perturbados. Isto não é possível se vários cães competirem por uma tigela. Além disso, a inveja alimentar pode ocorrer.

Comida seca ou húmida?

Como tantas vezes acontece, existem vantagens e desvantagens tanto para os alimentos secos como húmidos que falam a favor ou contra a sua alimentação. Basicamente, ambos os tipos de alimentos, se forem declarados como alimentos completos, contêm todos os nutrientes, vitaminas e minerais necessários que um cão necessita. No entanto, existem diferenças na qualidade dos ingredientes individuais e dos alimentos utilizados, bem como na disponibilidade de nutrientes e tolerância. Em última análise, deve decidir qual o melhor método de alimentação que pensa ser o melhor.

Qualquer comida pronta comercialmente disponível, quer seja seca ou húmida, pode ser dada ao seu cão sem hesitação. Na Alemanha, existe um controlo muito rigoroso da produção de alimentos para animais de companhia. Só podem ser utilizados ingredientes e ingredientes que não prejudiquem um animal mas o mantenham saudável. Mesmo que leia sobre resíduos de matadouros contidos nos alimentos, isto não é de forma alguma prejudicial para a saúde do seu cão, pois é sempre carne que também seria adequada para consumo humano. São apenas produtos que já não são utilizados na cozinha, mas que outrora eram comuns na dieta. Portanto, se não quiser ou não puder preparar você mesmo as refeições do seu cão, não tenha medo de usar comida pronta das lojas.

A maioria dos cães tolera bastante bem a comida seca, uma vez que normalmente absorvem água suficiente. No entanto, a proporção de hidratos de carbono é bastante elevada. Por razões de produção, 30% dos alimentos são constituídos por amido. Os cães também digerem carbohidratos. É, portanto, uma grande fonte de energia. Há o perigo de os cães que recebem muita comida seca se tornarem gordos sem nunca estarem cheios.

Uma vez que a comida não cheira mal, mesmo que fique na tigela durante dias, muitos donos de cães tendem a deixar comida seca na tigela o tempo todo. Assim que está vazia, enchem-na. Infelizmente, muitos cães comem até não restar nada no seu estômago, um legado do lobo. O lobo teve de agir desta forma porque não sabia quando iria atacar outra presa. Por isso, não é aconselhável dar a um cão acesso constante a alimentos.

A aparência carnosa é enganosa. Os alimentos secos não são carne seca, mas uma pastelaria que é normalmente produzida por extrusão. Uma máquina prensa uma massa num molde usando alta pressão e vapor. O calor decompõe os hidratos de carbono, tornando-os mais fáceis de digerir. O resultado são croquetes que provavelmente nenhum cão tocaria. Apenas uma camada de gordura, vitaminas e proteínas os torna interessantes para a maioria dos cães.

<u>Composição das forragens secas (exemplo)</u>

	Forragem barata	Alimentação especial
Composição	Cereais	Arroz
	Carne e subprodutos animais	Galinha seca
	Subprodutos vegetais	Cenouras
	Óleos e gorduras	Gordura de frango
	Legumes	Ovo inteiro
	Minerais	Óleo de colza
		Inulina
		Óleo de linhaça

		Levedura
Proteína	19%	24,6 %
Gordura	7,5 %	14 %
Cinzas brutas	7,5 %	5,6 %
Fibra bruta	3 %	1,3 %

A ração de alta qualidade contém significativamente mais proteínas e gordura. Além disso, sabe que grão e que carne está nele. Os subprodutos animais e vegetais não estão presentes nos alimentos especiais.

Portanto, se quiser alimentar alimentos secos, siga exactamente a dosagem e escolha um produto de alta qualidade.

Comida cozinhada em casa

Tudo o que o seu cão está realmente autorizado a comer, é claro que pode cozinhar e preparar-se. Certifique-se de que não condimenta demasiado as refeições para o seu amigo de quatro patas, de preferência de forma alguma. Certas especiarias são prejudiciais à saúde do seu cão e aqui também se aplica o seguinte: informe-se bem sobre os ingredientes de cada alimento para que a sua querida não sofra de desnutrição. O seu veterinário poderá dar-lhe conselhos e apoio.

Vantagens e desvantagens dos alimentos secos:

A comida seca é popular principalmente porque é simplesmente mais prática para o dono do cão. Tem um prazo de validade mais longo e é fácil de transportar. A razão para isto é o muito baixo teor de humidade. Além disso, os alimentos secos são fáceis de porcionar e pesar e podem mesmo ser introduzidos nos chamados alimentadores automáticos que distribuem automaticamente a quantidade definida de alimentos ao cão todos os dias. Também requer muito menos espaço para armazenamento, o que o torna particularmente popular em casas pequenas. Por conseguinte, também há menos resíduos de embalagens. E não se esqueça que a comida seca é normalmente mais barata do que a comida húmida. Outra vantagem é que a comida seca causa menos confusão à volta da tigela, mesmo que o cão goste de entornar. O cheiro de comida seca é também muito mais discreto. No entanto, para tornar o alimento palatável ao cão, alguns fabricantes dependem da adição de intensificadores de sabor. Como pode reparar, as vantagens da comida húmida relacionam-se mais com o dono do cão do que com o cão.

As desvantagens, por outro lado, são mais à custa do cão. Devido ao teor muito baixo de humidade, é absolutamente necessário certificar-se de que o seu cão recebe água suficiente, caso contrário há um risco de desidratação. Isto é muito importante porque, caso contrário, existe o risco de desenvolver pedras na bexiga ou problemas renais. Além disso, os alimentos secos são mais difíceis de digerir e podem mesmo causar alergias. O longo prazo de validade não se deve apenas ao baixo teor de humidade, mas também ao elevado teor de conservantes. Os conservantes não são particularmente saudáveis para humanos ou cães e devem ser evitados o mais possível quando se alimentam. Outro problema é que os alimentos secos contêm frequentemente muito pouca carne e os cereais são utilizados como enchimentos.

Vantagens alimentos secos

- ✓ A quantidade uma vez determinada e considerada boa permanecerá constante desde que mantenha a rotina do seu cão, tal como a intensidade do exercício.
- ✓ É descomplicado: Comprar, alimentar, feito. A adição de vitaminas e outros suplementos alimentares não é normalmente necessária.
- ✓ O transporte e o armazenamento são muito fáceis, mesmo em férias.
- ✓ Também se pode dar a ração alimentar em viagem ou durante o desporto, quando é suposto o cão trabalhar a sua comida.
- ✓ Tem um longo prazo de validade.
- ✓ Os cães com estômagos sensíveis são protegidos pelas porções mais pequenas mas ricas em nutrientes.

Desvantagens alimentos secos

- ✗ A composição da carne e dos recheios, tais como cereais, é diferente para cada variedade.
- ✗ A composição não pode ser verificada por si mesma.
- ✗ É difícil para si reagir ao estado de saúde individual do seu cão, por exemplo, se ele tiver diarreia.
- ✗ Muitas variedades não são apenas de grão, mas também contêm açúcar, sabores artificiais e intensificadores de sabor.
- ✗ A necessidade de líquidos é maior, pelo que os cães que bebem pouco precisam de ser encorajados a fazê-lo.

Os alimentos secos podem inchar no estômago e, portanto, em circunstâncias desfavoráveis, levar à gastrite, à qual todos os cães grandes têm uma tendência maior do que os mais pequenos.

Vantagens e desvantagens da comida húmida:

As vantagens da comida húmida podem ser parcialmente derivadas dos pontos acima mencionados sobre a comida seca. Como o nome sugere, a comida húmida tem um teor de humidade significativamente mais elevado e, portanto, tem um efeito positivo no equilíbrio fluido do cão. A comida húmida tem um cheiro muito mais apelativo para os cães e normalmente sabe melhor a eles. É também mais fácil de digerir. A comida seca pode ser bastante difícil de mastigar para os cães mais velhos, enquanto que a comida húmida é mais fácil de comer. Os cães que são um pouco gananciosos preferem comida húmida porque pode ser comida em maiores quantidades e por isso enche mais o estômago do que a comida seca. Além disso, a composição dos alimentos húmidos é, na maioria dos casos, mais adequada às espécies, uma vez que o teor de carne é mais elevado.

As desvantagens são também susceptíveis de resultar das secções anteriores. Uma vez que são necessárias maiores quantidades de ração húmida para satisfazer as mesmas necessidades energéticas, é necessário significativamente mais espaço de armazenamento, por um lado, e mais resíduos de embalagem, por outro. Tem também um prazo de validade mais curto e precisa de ser utilizado mais cedo. A comida húmida é normalmente mais cara do que a comida seca.

Agora que é instruído sobre as vantagens e desvantagens dos dois tipos de alimentos, pode expandir ainda mais os seus conhecimentos através da análise dos processos utilizados para os produzir. Talvez isto também o ajude a decidir que comida acaba por escolher para o seu cão.

Vantagens dos alimentos húmidos
- ✓ Sabe bem a quase todos os cães.
- ✓ A comida húmida é quase sempre a opção mais barata.
- ✓ É fácil de comprar e fácil de armazenar.

- ✓ A comida húmida tem uma vida útil de meia eternidade.
- ✓ O teor de humidade é elevado.
- ✓ Os cães com dentes sensíveis podem mastigar bem a comida molhada.
- ✓ Pode ser utilizado como um alimento completo, ou seja, não é necessário acrescentar mais nada, como vitaminas, oligoelementos, etc.

Desvantagens da comida húmida

- ✗ A composição não pode ser controlada.
- ✗ Os intensificadores de sabor e aromatizantes artificiais são cada vez mais encontrados nos alimentos húmidos.
- ✗ O teor de carne varia em função da variedade.
- ✗ Muitos cães recusam outros tipos de alimentos depois de estarem habituados a um só tipo.
- ✗ Se o seu cão for alérgico, por exemplo, a composição do alimento não pode ser ajustada individualmente.

A produção de forragens secas:

A maioria dos fabricantes de alimentos secos aquecem primeiro os ingredientes individuais. Isto torna-os mais duráveis e mais fáceis de processar. Os fabricantes de alimentos secos de alta qualidade também utilizam processos de prensagem a frio. A vantagem disto é que se perdem menos nutrientes através do aquecimento.

Os ingredientes são misturados num processo posterior e o líquido, se ainda não estiver pronto, é extraído. Isto cria uma massa farinhenta, que no passo seguinte é pressionada para os pedaços de alimentação que se colocam na tigela no final. Durante a prensagem, a ração é novamente aquecida para garantir que mantém a sua forma.

Nestes processos, a maioria dos ingredientes perde o seu aroma e sabor. Para garantir que o cão come o alimento no final, é comum acrescentar aromas aos pedaços de comida acabados. As vitaminas e minerais perdidos são também adicionados posteriormente ao exterior dos pedaços, para que a informação nas tabelas nutricionais da embalagem acabada seja apelativa. No entanto, é discutível quão bem estes nutrientes podem ser metabolizados pelo cão.

A produção de alimentos húmidos:

A produção de alimentos húmidos envolve menos etapas. Os ingredientes individuais são geralmente pré-cozinhados, mas sob muito menos calor do que com alimentos secos. Se os alimentos húmidos contiverem partes individuais grandes, estas são cortadas para produzir uma massa alimentar que pode ser facilmente porcionada. Outros aditivos sob a forma de gelificantes, vitaminas e minerais são também normalmente adicionados a esta massa alimentar. Depois de a ração ter sido enchida na embalagem final, por exemplo latas ou bandejas, é novamente aquecida para que a ração dure mais tempo.

Carne, peixe ou vegan?

Esta é uma pergunta que muitos donos de cães fazem a si próprios, mas não há uma resposta correcta. Os cães são ambos carnívoros e omnívoros - são ambos carnívoros e omnívoros. Teoricamente, é portanto possível alimentar um cão com uma dieta sem carne. Contudo, uma dieta puramente vegana é muito complexa e só deve ser feita em consulta com um veterinário. Para tal, é necessário um plano de dieta rigoroso que deve ser seguido de forma consistente. O facto é que os cães gostam de comer carne. A maioria dos cães também gosta de peixe, que é também uma muito boa fonte de proteínas.

Sabe certamente que um cão é um carnívoro. Entretanto, no entanto, graças à evolução e domesticação, tornou-se um omnívoro. Pode até alimentar o seu amigo de quatro patas com uma dieta vegana ou vegetariana. Os aminoácidos que são importantes para o corpo do cão são obtidos a partir da porção de carne do alimento. No entanto, estes aminoácidos também podem provir de alimentos veganos ou vegetarianos. O importante é que o alimento contenha todas as vitaminas, minerais e outros nutrientes de que o seu cão necessita para viver uma vida saudável. De onde estes acabam por vir é completamente irrelevante.

Nas lojas estão disponíveis ementas prontas numa base vegana ou vegetariana. No entanto, de acordo com alguns testes, estes não são necessariamente recomendáveis. A propósito, isto também se aplica a menus de barbear já prontos. No entanto, tem a possibilidade de compor e preparar refeições para o seu cão. No entanto, por favor consulte previamente o seu veterinário ou um nutricionista de cães e peça-lhes que elaborem um plano alimentar adaptado às necessidades individuais do seu cão. Se não se souber exactamente quantos ingredientes estão contidos em que alimentos, podem ocorrer rapidamente sintomas de deficiência.

BARF

O termo BARF significa "Biologically Appropriate Raw Food" (Comida Crua Biologicamente Apropriada). Os alimentos BARF são alimentados crus e não cozinhados ou aquecidos de outra forma. A vantagem disto é que muitos nutrientes sensíveis não são danificados ou destruídos pelo aquecimento. Faz-se referência às origens do cão e tenta-se imitar a forma natural de comer. Uma dieta BARF não tem de ser complicada. Actualmente, muitos fabricantes oferecem os chamados "menus completos" que podem ser utilizados como um alimento completo. Pode obter a maioria dos alimentos BARF congelados e depois descongelá-los em casa. Por isso, deve ter espaço suficiente no congelador. É mais barato do que os menus BARF já prontos se for você mesmo a juntar a comida. No entanto, se o fizer, deve definitivamente familiarizar-se em pormenor com esta forma de nutrição. Aqui encontrará alguma informação útil sobre como converter cães com condições diferentes para a dieta BARF. É importante diferenciar, porque nem todos os cães têm os mesmos requisitos. Começamos com cachorros e cães jovens, seguidos por cães adultos saudáveis, cães mais velhos e finalmente cães com um estômago sensível.

O vómito tornou-se muito popular. Muitos donos de cães estão convencidos de que esta é a forma mais natural de alimentar um cão. BARF significa "alimento cru biologicamente adequado às espécies". Outros donos querem simplesmente saber o que acaba na tigela do cão sem terem de se preocupar com quaisquer ingredientes. Outros ainda têm um cão com uma alergia alimentar. Neste caso, a refeição pode ser adaptada individualmente a esta doença, a fim de evitar os próprios alimentos que desencadeiam uma alergia.

  O cão é descendente do lobo e é dele que deriva o vómito. Um lobo na caça selvagem e mata caça. Come, por assim dizer, com pele e cabelo e tudo o que está no seu interior. Os órgãos tais como o coração, fígado, rins e estômago, incluindo o seu conteúdo, também são comidos. Esta "dieta mista" equilibrada fornece ao lobo todas as vitaminas, minerais e oligoelementos necessários.

  Esta dieta deve agora ser transferida para o cão. No entanto, é de notar que a digestão de um cão adaptou-se entretanto ao seu modo de vida no decurso da sua evolução e da domesticação pelos humanos. Portanto, uma comparação directa com o lobo já não é necessariamente possível.

Voltar ao vómito: Quer apresentar o seu amigo de quatro patas a esta dieta. Mas certamente não o vai mandar para a floresta para caçar um veado. Não... Irá a um supermercado ou loja de rações para comprar os ingredientes apropriados.

Uma refeição de Vómito consiste principalmente em carne crua. Mas tenha cuidado: Nunca utilize carne de porco crua. Aprenderá a razão disto no capítulo seguinte "O que não deve estar na tigela? Utilizar principalmente carne muscular de vaca, vitela, cavalo, aves de capoeira ou borrego. As entranhas e ossos não devem estar ausentes. É também utilizada uma certa quantidade de alimentos vegetais. Tal ração é suplementada apenas com os aditivos mais importantes para fornecer os minerais e vitaminas em falta.

A dificuldade reside em trazer todos estes ingredientes para um equilíbrio que seja adequado para o cão. É preciso lembrar que cada cão tem necessidades diferentes e muito individuais. Em cada refeição BARF, os ingredientes devem ser pesados exactamente para que os ingredientes, vitaminas e todos os minerais necessários estejam presentes em quantidades suficientes. Esta é a única forma de prevenir possíveis sintomas de deficiência. Estes são rapidamente pré-programados se não se cingir a um plano de dieta prescrito pelo veterinário.

Até 80 % dos alimentos à base de carne compõem uma refeição de Barf. Isto não significa apenas carne muscular, mas também rúmen, miudezas, estômago de folha, cartilagem, ossos com aparas de carne e peixe. A carne fornece proteínas (aminoácidos), minerais e gorduras.

A porção de miudezas de uma refeição é servida com estômago, coração, rim, fígado e pulmões. Isto fornece minerais e vitaminas importantes. O fígado, contudo, só deve ser alimentado em pequenas quantidades, pois de outra forma pode haver um fornecimento excessivo de vitamina A, o que pode levar a problemas de saúde.

O fornecimento de cálcio e de certos minerais, bem como de oligoelementos, é assegurado pelos ossos. Também servem, em certa medida, para os cuidados dentários. É melhor utilizar ossos de bovinos ou cordeiros. Também pode oferecer chifres, pescoços de galinha, tendões e até membros completos com pêlo como artigos para mastigar. É certo que isto pode ser um pouco invulgar. Tem de estar disposto a fazer isto com a sua própria convicção e depois aceitar que uma perna com pêlo de outro animal está no local de alimentação do seu cão. Nem todas as pessoas gostam disto.

Cerca de 30% da ração do vómito consiste em alimentos vegetais. A fruta e os vegetais são importantes para fornecer ao seu cão fibras, vitaminas, minerais e hidratos de carbono. Os legumes oferecidos devem ser sempre em puré para que o seu amigo de quatro patas os possa digerir melhor. Espinafres, funcho, aboborinhas, pepinos, abóbora, aipo, acelga e raízes são todas boas escolhas. Todos os tipos de batatas devem ser sempre cozidas. A fruta em oferta pode estar demasiado madura. Deve remover quaisquer sementes e depois fazer também o puré dos frutos. Pode alimentar peras, maçãs, bananas, damascos e mangas. A proporção de fruta não deve exceder a proporção de vegetais. Descobrirá o que não é permitido na tigela num capítulo posterior.

Cada ração de vómito deve ser preparada com certos óleos, para que o seu amigo de quatro patas possa absorver vitaminas lipossolúveis e continuar a ser fornecido com ácidos gordos essenciais. Também se podem combinar óleos diferentes uns com os outros. Óleo de salmão, óleo de açafroa, óleo de coco, óleo de cânhamo ou óleo de linhaça seria possível aqui. Todos estes tipos deveriam, idealmente, ser comprimidos a frio.

Várias ervas também podem ser usadas. Não são absolutamente necessárias, mas fazem uma excelente adição. Pode adicionar pequenas quantidades de urtigas, salsa ou agrião à tigela da Fiffi.

Os cães gostam muito de produtos lácteos, mesmo que na realidade não sejam muito bem tolerados, porque todos os cães são intolerantes à lactose e não conseguem digerir a lactose que contêm. No entanto, pode adicionar pequenas quantidades de queijo cottage, quark ou iogurte natural à refeição do seu amigo de quatro patas.

Os ovos também fazem parte da dieta do vómito de vez em quando. No entanto, estes só devem ser ser servidos cozinhados. Também é bem-vindo para oferecer a concha, mas por favor moa-a muito finamente antes de comer para evitar lesões no estômago ou nos intestinos.

Como já foi mencionado, mesmo uma refeição de vómito não pode passar sem aditivos. Algumas misturas de vitaminas e minerais são aqui utilizadas, as quais o seu veterinário lhe explicará e informará.

A quantidade correspondente de alimentos só pode ser dada como regra geral. Um cão adulto de boa saúde obtém cerca de 3% do seu peso corporal em comida por dia. Assim, se o seu cão pesar 30 kg, deve receber 0,9 kg de comida fresca por dia. Contudo, o nível de actividade e o estado nutricional e de saúde actual devem também ser tidos em conta. Outros factores são também importantes no cálculo da quantidade correcta de alimentos.

Tudo isto parece muito complicado, mas na realidade não é. O mais importante é que se lide suficientemente com este tópico.

Por favor, consulte também um veterinário ou um nutricionista de cães para ter um plano de alimentação elaborado para o seu amigo de quatro patas. Como leigo, pode fazer aqui muitas coisas erradas e depois prejudicar o seu cão em vez de lhe fazer qualquer bem. Além disso, deve levar regularmente o seu cão ao veterinário para que os sintomas de deficiência possam ser reconhecidos a tempo e a comida possa ser ajustada em conformidade. Além disso, o plano nutricional em si deve ser verificado uma e outra vez e, se necessário, complementado.

O vómito pode ter muitas vantagens, mas também tem tantas desvantagens que é preciso estar ciente. Em comparação com os alimentos prontos, é necessário um esforço consideravelmente maior na preparação. É preciso planear muito tempo para isso. Além disso, os sintomas de deficiência podem ocorrer rapidamente se as rações não forem compostas com precisão. Não alimentar demasiados ossos, caso contrário as fezes ósseas desenvolver-se-ão, o que é doloroso para o cão. Deve ser observada uma higiene muito boa ao processar carne crua, caso contrário, germes e doenças podem propagar-se. Não deve armazenar a carne destinada ao seu cão com a sua própria comida e apenas descongelar a quantidade apropriada necessária. Um cão vomitado pode ser um portador potencial de germes. Por conseguinte, as pessoas grávidas e idosas, assim como as crianças, não devem estar em permanente proximidade com este cão. Também não deve ser utilizado como cão de terapia. O vómito só é, portanto, realmente recomendado com muito boa preparação.

Vantagens BARF

- ✓ A comida é fresca.
- ✓ A maioria dos cães gosta de carne fresca.

- ✓ Tem controlo total sobre o que o seu cão come e pode ajustar-se individualmente, por exemplo em caso de gravidez e de muitas doenças.
- ✓ As vómitos não utilizam quaisquer agentes de enchimento, conservantes ou sabores artificiais.
- ✓ Há muito mais variedade no horário de alimentação.

Desvantagens BARF

- ✗ O vómito requer informação e conhecimentos que tem de adquirir. Ler ou ir à loja de vomitar da sua escolha é uma obrigação!
- ✗ Este método de alimentação é demorado à medida que se ralam ou cozinham legumes frescos e cada refeição é preparada em conjunto.
- ✗ O custo é mais elevado do que a média da comida seca ou húmida, mesmo significativamente se se comprar comida pronta barata.
- ✗ Se armazenados incorrectamente, quaisquer germes que possam estar presentes podem propagar-se.

BARF para cachorros e cães jovens

Converter um cachorro a uma dieta BARF não é normalmente um problema. O cachorro ainda não se terá habituado a um certo tipo de dieta. Na melhor das hipóteses, pode pedir ao criador que o cachorro se habitue à carne antes de ser dado. Já nos primeiros dias o cachorro pode comer carne, bem como pequenas quantidades de rúmen, miudezas e vegetais. Deve também ser capaz de tolerar ossos a partir do segundo ou terceiro mês, embora seja melhor dá-los em forma picada. Para cães muito jovens, deve-se cortar a comida de modo a que seja impossível para o cachorro engolir.

BARF para cães adultos

Embora na maioria dos casos fosse mesmo possível converter um cão adulto saudável a uma dieta BARF num prazo muito mais curto, dê ao seu cão cinco dias com a ajuda deste plano. Isto é recomendado, se possível, pois dá ao estômago do seu cão um pouco mais de tempo para se ajustar ao maior teor de gordura e carne do BARF. Especialmente os cães que anteriormente eram alimentados com comida seca podem precisar de um pouco mais de tempo, uma vez que os seus estômagos estão habituados a grandes quantidades de hidratos de carbono, mas não de carne ou gordura. Os ossos também são difíceis de digerir e podem levar às chamadas fezes ósseas. Estas fezes são muito duras e podem causar dor quando excretadas.

Ao mudar de comida, muitos donos de cães consideram uma medida sensata misturar primeiro a comida antiga com BARF. No entanto, isto pode levar a problemas digestivos e não é recomendado. Alimentar a primeira refeição BARF à noite, após o cão ter jejuado de manhã e ao meio-dia. Esta primeira refeição deve consistir em cerca de 80% de carne muscular de bovino e 20% de vegetais. Procurar legumes facilmente digeríveis, tais como cenouras desfiadas. Se quiser estar no lado seguro, pode também escaldar brevemente os alimentos com água quente no primeiro dia para os tornar mais digeríveis. No segundo e terceiro dias, se o cão não tiver problemas, pode adicionar algum rúmen de carne de vaca e estômago com folhas. Se o cão for sensível, omitir novamente o rúmen e o estômago frondoso e escaldar a comida com água a ferver. No quarto e quinto dias, adicionar miudezas à comida. As miudezas só devem ser alimentadas em pequenas quantidades. Além disso, a dieta pode ser suplementada com outro tipo de carne e vegetais. Só a partir da segunda semana deverá então introduzir ossos moles, tais como pescoços de galinha, na dieta, pois estes são mais difíceis de processar.

BARF para cães com estômagos sensíveis

No caso de cães particularmente sensíveis, faz sempre sentido fazer a dieta juntamente com um veterinário de qualquer forma. Os alimentos BARF podem ser primeiro cozinhados. Depois já não são cruas, mas mais fáceis de digerir e mais digeríveis.

BARF para cães mais velhos

Em cães mais velhos, o corpo pode precisar de um pouco mais de tempo para se habituar a uma dieta BARF. Além disso, os alimentos que são particularmente difíceis de digerir, como os ossos, podem não ser também digeridos. Apoie o seu cão, alimentando-o com ossos cortados. Ossos do peito finamente picados, ossos de cordeiro ou pescoço de galinha são adequados para assegurar que o seu cão recebe cálcio suficiente.

OS CUIDADOS CERTOS

Cuidados com as patas

Os cuidados com as patas são especialmente importantes no Inverno e em temperaturas muito quentes no Verão, porque as patas dos cães são então particularmente stressadas. Contudo, há algumas coisas que pode sempre fazer para cuidar das patas do seu cão. Manter o pêlo nas patas suficientemente curto para que não se possam formar emaranhados. Os estilhaços, pequenas pedras ou mesmo ácaros podem acumular-se neles e causar dor ao cão. Existem cortadores de pêlo especiais com uma ponta arredondada para que não se picar acidentalmente o cão. As almofadas dos pés também podem precisar de cuidados especiais se o seu cão tiver tendência a ter almofadas secas. Neste caso, podem formar-se pequenas fissuras que podem causar dor e inflamação. Massajar diariamente um bálsamo de patas gordurosas nas almofadas. Isto forma uma película protectora que evita que as almofadas se rasguem. Em temperaturas extremas, seja calor ou frio, pode ser útil colocar sapatos no seu cão. Muitos cães têm de se habituar a isto no início, mas tais sapatos podem ser uma protecção importante para as patas.

Uma verificação adequada das patas deve definitivamente fazer parte da rotina de preparação. Procurar pequenos ferimentos e fissuras, bem como possíveis corpos estranhos e sujidade que possa ficar presa entre os dedos dos pés. Limpar regularmente as patas com água morna. Isto irá soltar corpos estranhos que podem acumular-se sem serem notados nos espaços entre as patas.

Cuidados dentários

Se um cão ainda fosse alimentado como um lobo, não necessitaria de qualquer cuidado dentário especial. Na natureza, tudo pode ser encontrado para manter os dentes limpos e intactos. Claro que este não é o caso dos nossos cães domésticos, porque lhes é dada a sua comida e não têm de fazer nada por ela. Além disso, se o alimento for enlatado, é macio e o cão não tem de o mastigar. Com comida seca, há pelo menos a possibilidade de o cão mastigar antes de a engolir e assim os dentes são um pouco limpos.

Agora faz sentido oferecer ao seu cão algo para mastigar. Os ossos de pele de búfalo são os melhores para esta raça. Ele pode mastigá-los maravilhosamente e relaxar ao mesmo tempo. Mas nem todos os ossos devem ser alimentados com o cão. Pode descobrir o que são estes no capítulo "O que não deve estar na tigela?

No entanto, o seu cão pode não gostar nada de mastigar ossos. Neste caso, tente tornar palatáveis tiras ou paus especiais de mastigação para cuidados dentários. Também pode comprar brinquedos de mastigar adequados nas lojas. O seu amigo de quatro patas também pode gostar de brincar com elas.

Para prevenir doenças dentárias, é importante que dê regularmente uma vista de olhos na boca do seu cão. Se notar quaisquer irregularidades, visite o seu veterinário. Uma vez que visitará o seu veterinário a intervalos regulares para que o seu cão seja examinado rotineiramente, ele também pode então examinar de perto os dentes.

Cuidados com os ouvidos

As orelhas são um órgão sensorial muito importante para o cão. É por isso que é ainda mais importante que você como dono faça tudo o que estiver ao seu alcance para cuidar dos ouvidos do seu cão e mantê-los saudáveis. Tal como nós, humanos, os cães produzem cera dos ouvidos. No entanto, pode acontecer que um cão produza uma quantidade excessiva de cera dos ouvidos. Germes e sujidade podem acumular-se nele. A sujidade também pode chegar aos ouvidos do cão quando se brinca na natureza. Por conseguinte, verificar regularmente os ouvidos do cão em busca de objectos estranhos. Pode limpar os ouvidos do cão de uma forma suave. Por favor não usar cotonetes, eles não têm lugar no cuidado dos ouvidos. Em vez disso, usar uma bola de algodão macio ou uma toalha fina. Humedecer a bola ou toalha de algodão com água morna. Nas lojas de animais de estimação pode encontrar produtos de cuidado auricular para cães, dos quais também pode aplicar algumas gotas. Outros produtos são pingados directamente na orelha. Ler sempre as instruções na embalagem antes de utilizar um produto. Descobrir cuidadosamente a orelha e limpá-la suavemente com a bola ou toalha de algodão molhada. Desde que encoraje o cão com palavras amáveis, ele irá provavelmente suportar este procedimento sem se queixar. A utilização de guloseimas é um método experimentado e testado.

Os problemas auditivos mais graves são diferentes da sujidade inofensiva. Se o seu cão abana frequentemente a cabeça ou arranha o ouvido, isto pode indicar uma infecção com germes ou bactérias. Pode-se reconhecer uma infecção externa se o ouvido estiver vermelho ou mesmo com áreas de pus ou crostas. Além disso, as infecções podem causar um odor desagradável. Pequeno cão holandês em particular gosta de nadar. Para cães sensíveis, banhar-se em água estagnada e poluída pode causar problemas. Deixe o seu cão, por muito que goste, não se banhar em águas poluídas e limpar bem as orelhas depois de se banhar na natureza. Em caso de dúvida, consulte um veterinário e descreva o comportamento pouco habitual do cão.

Garras cortadas

A melhor altura para aparar as garras é depois de um passeio ou depois do recreio. Então, o seu cão está cansado e ele tomará este procedimento com mais calma.

Aparar as unhas em cães é tão importante como aparar as unhas. As garras estão constantemente a voltar a crescer e acabarão por ser demasiado compridas se não se desgastarem o suficiente com o exercício.

Com alguns cães, o desgaste das garras é automático, com outros não. Os cães grandes e pesados têm menos problemas com garras longas do que os cães pequenos e leves. A dureza das garras também determina se elas se desgastam bem ou não.

No entanto, o comprimento correcto das garras é importante para pernas saudáveis. Se forem demasiado longos, a bola do pé é empurrada para cima e os ossos e ligamentos podem ficar desalinhados. Há também o risco de o seu cão arrancar as suas garras ou elas se romperem. Isto pode levar a dores consideráveis. O comprimento correcto das garras permite que a pata do seu cão role bem e ele possa então andar muito melhor. E por último, mas não menos importante, o seu chão sofre menos quando o seu cão tem garras bonitas.

Mas como se pode saber se as garras da Fiffi são demasiado compridas? Devem estar a cerca de dois milímetros do chão. Isto é difícil de medir... pegue num pedaço de papel e tente deslizá-lo por baixo da pata até à bola do seu amigo de quatro patas. Se não tiver sucesso, as garras são demasiado compridas e precisam de ser encurtadas.

Agora precisa de um pouco de habilidade se quiser cortar as garras do seu cão sozinho. Em nenhuma circunstância deverá cortar demasiado, porque isto causará hemorragia e o seu animal de estimação terá dores.

Há vasos sanguíneos nas garras. Se as garras forem de cor clara, segure uma tocha contra elas e poderá vê-las claramente. Apenas a parte da garra que não é fornecida com sangue pode ser cortada.

Se as garras forem de cor escura, a sua única opção é sentir lentamente o seu caminho para a frente com corta-unhas. Cortar sempre pedaços minimamente pequenos da garra até encontrar uma pequena mancha preta. Depois chegou ao vaso sanguíneo e tem de parar. Talvez consiga ver os vasos sanguíneos na garra escura com a lâmpada no seu telemóvel. Uma tal lâmpada brilha muito bem. Se tiver feito este procedimento com mais frequência, desenvolverá uma sensação ao longo do tempo e saberá automaticamente até que ponto pode encurtar as garras.

Lembre-se também das garras de lobo nas patas traseiras do seu cão. A garra do lobo é o quinto dedo do pé e normalmente não está em contacto com o solo. Pode crescer para a pele se não for regularmente aparada. Há também o risco de se prenderem.

Agora vamos começar com a aparagem das garras. Em primeiro lugar, junte todos os utensílios de que necessita para isso. Em primeiro lugar, é claro, a tesoura das garras e, em caso de acidente, uma barra de sabão ou uma rolha de sangramento para cães, bem como uma meia especial para cães. Pode comprar uma rolha sangrante adequada numa loja especializada ou junto do seu veterinário, bem como na Internet no "grande A".

É mais fácil cortar as garras quando o seu amigo de quatro patas está deitado. Se ele tiver uma confiança estável em si, ficará calmo e relaxado. Se você mesmo estiver entusiasmado porque está a cortar as garras pela primeira vez, o seu cão também ficará inquieto.

Agora segure a sua pata firmemente na sua mão. É melhor iluminar o seu ambiente de trabalho para que possa ver bem. Olhe também através das garras do seu amigo de quatro patas para ver os vasos sanguíneos. Também é bem-vindo a usar uma lupa ou lupa de mesa para que possa ver tudo ainda melhor.

Se o seu cão quiser puxar a pata para longe, segure-a com firmeza. Cortar a garra em ângulos rectos na direcção do crescimento e apenas uma pequena peça de cada vez para que os vasos sanguíneos no interior permaneçam intactos. O seu aparador de garras terá provavelmente um espaçador, mas por favor não confie apenas nisto, olhe sempre cuidadosamente para si.

Quando a sua querida tiver passado calmamente por todo o procedimento, elogie-o profusamente e mime-o com as suas guloseimas favoritas. Claro que, mesmo com as melhores práticas, pode acontecer que se corte demasiado longe. É por isso que tem o "kit de emergência" pronto. Porque uma vez que isso aconteceu e a garra está a sangrar, é preciso agir rapidamente.

Colocar a garra hemorrágica no pedaço de sabão macio. A hemorragia deve agora parar rapidamente e o sabão forma uma camada protectora. Agora puxa a meia do cão sobre a pata de modo a que o sabonete se agarre a ela. É claro que também se pode usar a referida rolha de sangramento em vez do sabonete. O seu amigo de quatro patas pode agora andar com esta meia durante cerca de uma semana para proteger a garra ferida, para que não ocorra qualquer inflamação. É claro, verificar o estado da pata várias vezes ao dia. Se não tiver a certeza, por favor visite um veterinário com o seu cão. Não é certamente fácil para os amadores cortar garras. Requer prática e sensibilidade. Se não tiver a certeza se o pode fazer você mesmo, peça ajuda ao seu veterinário. Durante os exames de rotina, ele ou ela também pode assumir o corte das garras. Talvez ele vos possa mostrar e ensinar para que estejam preparados para a próxima vez.

Cuidados com os olhos

Pequeno cão holandês não pertencem às raças de cães que têm olhos particularmente sensíveis. No entanto, é claro que também deve prestar atenção à saúde dos olhos do seu cão. Na vida quotidiana, é suficiente verificar regularmente os olhos para detectar incrustações, ferimentos e corpos estranhos. Por vezes, as incrustações acumulam-se nos olhos durante o sono. Pode removê-los cuidadosamente, limpando-os suavemente com um pano húmido. Se os olhos do seu cão tendem a ficar um pouco mais juntos durante o sono, pode também adicionar um produto para os olhos do cão.

É diferente quando o olho realmente causa problemas. Por exemplo, os cães podem contrair conjuntivite a partir de correntes de ar. A conjuntivite é contagiosa em cães. Portanto, se limpar um olho inflamado com um pano, por favor, elimine este pano depois e use um pano novo para o outro olho. O aquecimento do ar pode levar a olhos secos. A longo prazo, este é também um risco para a saúde do cão, uma vez que os olhos se tornam mais susceptíveis. Certifique-se de que o ar em sua casa não está demasiado seco. Se os olhos do seu cão estiverem particularmente secos, pode usar gotas para os olhos para alívio.

Visitas ao veterinário

As visitas regulares ao veterinário fazem sentido para manter um olho na saúde do seu animal de estimação. Se o seu cão acabou de se mudar consigo, deve apresentá-lo ao seu veterinário e registá-lo lá. Pergunte também sobre quaisquer vacinas necessárias e verifique o chip. É importante que possa confiar no seu veterinário e que ele esteja disponível quando necessitar de uma marcação. Deve ser capaz de o aconselhar sobre vacinas regulares. Não tenha receio de visitar o veterinário demasiados em vez de poucos. Se sentir que o seu cão está a mostrar sinais de doença ou desconforto, é melhor tê-lo controlado uma vez.

Parasitas

Os parasitas podem tornar a vida muito difícil para o seu Pequeno cão holandês. Normalmente causam comichão grave, mas doenças graves não podem ser descartadas. Estes são os tipos mais comuns de parasitas:

Ácaros

Infelizmente, os ácaros são muito comuns nos cães. São classificados como aracnídeos e geralmente espreitam na relva em prados e campos. O seu amigo de quatro patas apanhá-los-á a todos demasiado depressa se ele andar pela relva.

Existem diferentes tipos de ácaros na Europa, tais como ácaros demodex, ácaros herbívoros, ácaros predadores, ácaros das orelhas, ácaros das tocas e ácaros de sarna. Alguns também se transmitem ao ser humano e podem transmitir doenças como a sarna.

Alguns sintomas são os mesmos para cada tipo de ácaro, mas existem também sintomas específicos que podem ser utilizados para identificar que tipo de ácaro é.

Em geral, pode haver uma comichão muito forte. O seu cão irá coçar sem parar. A caspa pode formar-se na pele e o casaco pode cair para fora. A constante raspagem causará feridas e eczema. Além disso, as áreas abertas podem levar à inflamação e a mais infecções.

No caso de uma infestação com ácaros, os sintomas também só podem ser vistos nas orelhas.

Uma consulta rápida com o veterinário é agora inevitável, porque alguns tipos de ácaros podem ser muito contagiosos e podem também propagar-se aos humanos. Outros animais de estimação devem também ser examinados para infestação e tratados em conformidade.

O seu veterinário dar-lhe-á medicamentos para reduzir a comichão. Pode também recomendar um champô ou pó especial.

Deve então tratar o seu amigo de quatro patas com isto, de acordo com as instruções. Pense também na cama do cão, porque os ácaros também podem viver aqui.

Se tiver ácaros de Outono no seu jardim, corte-os mais vezes do que o normal e elimine as estacas de relva. Só deixe o seu cão correr na relva quando está molhado. Então não haverá aí tantos ácaros.

Prevenir os ácaros não é fácil, mas se o seu cão tiver um sistema imunitário saudável e forte em primeiro lugar, uma infestação é menos arriscada. Portanto, trate o seu amigo de quatro patas com uma dieta boa e equilibrada e dê-lhe exercício suficiente. Verifique o pêlo do seu cão à procura de parasitas após cada passeio. Desta forma, pode reagir antes que a infestação se torne perceptível. Por vezes é aconselhável lavar o seu cão após cada passeio para que quaisquer pragas que possam estar presentes sejam enxaguadas. No entanto, isto não é muito benéfico para a pele e o pêlo do seu animal de estimação. Mas deve limpar a sua coleira ou arreios com regularidade, bem como os cobertores para cães do cesto. Para enterrar ou desmodexar ácaros, pode usar vinagre de maçã diluído. No entanto, tenha cuidado para não colocar esta mistura nos olhos do seu cão ou em feridas abertas. Também é possível aplicar óleo de coco. Para algumas espécies de ácaros, isto irá bloquear os orifícios de respiração e estes morrerão. No entanto, consulte sempre o seu veterinário se quiser utilizar tais remédios caseiros. Esta nem sempre é a forma correcta e aconselhável.

Carraças

As carraças não são menos perigosas do que os ácaros ou as pulgas, porque também podem transmitir doenças que também podem ser perigosas para os seres humanos. Uma infestação com carraças é possível durante todo o ano e não apenas no Verão, como muitas vezes se assume erroneamente. Quando a temperatura é de pelo menos 6 °C durante vários dias, os carrapatos tornam-se activos e procuram os seus hospedeiros.

Uma carraça, que por acaso é classificada como aranha, já depende da comida como larva. Nesta fase, porém, são preferidos pequenos animais como ratos ou ratazanas. As carraças maiores e adultas são mais frequentemente encontradas em gatos, cães ou mesmo humanos. No entanto, também lhes é possível sobreviver durante vários anos sem comida. A sua mordedura, ou melhor, o seu ferrão, pode transmitir doenças, porque podem já ter estado em muitos outros hospedeiros. São espalhados por aves ou outros mamíferos.

Antes de uma carraça fêmea poder pôr os seus ovos na folhagem, ela deve ter-se abastecido de sangue num hospedeiro durante vários dias. Ela morre depois de ter escondido com sucesso os ovos. Depois das eclosões das larvas, deve encontrar um hospedeiro para se alimentar do seu sangue e alcançar a fase seguinte de desenvolvimento. Se isto não acontecer, acaba por morrer. A larva torna-se uma ninfa no segundo ano. Isto ainda não está completamente maduro e tem de procurar novamente um hospedeiro para se alimentar. Só no terceiro ano da sua vida é que o carrapato é adulto e quer reproduzir-se. Por conseguinte, precisa de receber de novo sangue. Depois disso, pode pôr os seus ovos e morrer. Começa um novo ciclo. A propósito, as carraças só podem ser controladas no animal infestado. Todo o ciclo de vida de um tal aracnídeo ocorre na natureza e não no hospedeiro.

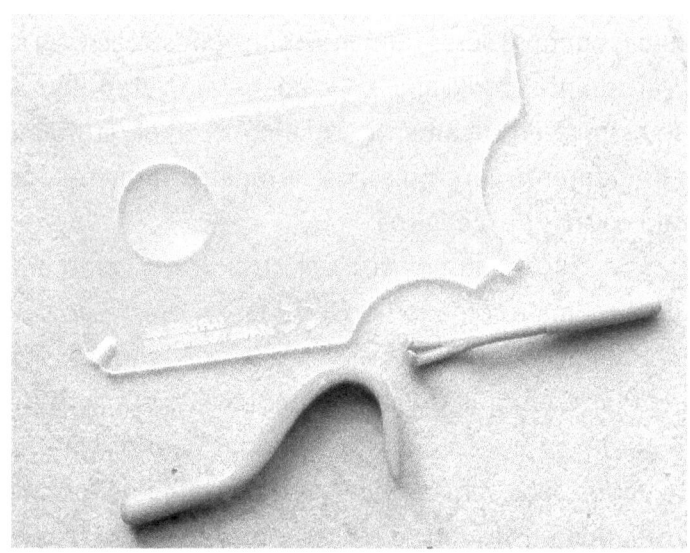

O nosso kit de carraças, ©

Um carrapato pode ser rapidamente localizado no pêlo do seu cão se se der ao trabalho de o verificar regularmente à procura de parasitas. Normalmente, permanecerá no seu hospedeiro durante vários dias antes de cair, ensopado em sangue. No entanto, uma mordida despercebida de um carrapato pode ser muito difícil de detectar. Aqui é necessário estar atento a características como arranhões frequentes, vermelhidão e inchaço.

As carraças são perigosas principalmente porque transportam muitos agentes patogénicos. Podem transmitir minhocas, vírus, bactérias e protozoários e assim causar problemas de saúde consideráveis; e não só num cão, mas também em nós, humanos. O que era considerado uma doença de viagem do Mediterrâneo há alguns anos atrás, é agora omnipresente aqui na Alemanha. Por exemplo, uma picada de carraça da espécie "carraça de cão castanho" e "carraça de floresta aluvial" pode causar ehrlichiosis ou babesiosis, também conhecida como malária canina, que frequentemente toma um curso crónico. A infecção com anaplasmose também é possível.

A Anaplasmose é transmitida pelo carrapato comum da madeira. Encontra-se em toda a Europa, América e Ásia. As bactérias só afectam certos glóbulos brancos e causam exaustão, perda de apetite, manqueira, febre, diarreia, vómitos e inflamação das articulações. Por vezes podem observar-se distúrbios de coagulação do sangue e hemorragia das mucosas. O tratamento é com um antibiótico e é geralmente curável. No entanto, os sintomas desta infecção também devem ser tratados. Os agentes patogénicos da babesiose são capazes de destruir os glóbulos vermelhos do sangue. Dentro de três semanas após a infecção, pode ocorrer febre e a urina escurece. Além disso, existem membranas mucosas pálidas, pressão sanguínea baixa e aumento do baço. Se notar um ou mais destes sintomas no seu cão, consulte o seu veterinário o mais rapidamente possível, porque se esta infecção não for tratada, pode acabar na morte do animal afectado. O veterinário administrará um antiprotozoal uma vez que o diagnóstico tenha sido feito. Este é um medicamento que trata doenças infecciosas parasitárias.

Estará mais familiarizado com a doença de Lyme. É bastante comum na Alemanha, uma vez que quase uma em cada três carraças está infectada com estas bactérias. Uma vez que a doença de Lyme é transmitida ao hospedeiro, espalha-se na corrente sanguínea e pode ser responsável por problemas com as articulações, órgãos e sistema nervoso. Os sintomas iniciais são fadiga, cansaço, febre e perda de apetite. A coxeio também pode ocorrer. Se tal infecção estiver presente, é tratada com um antibiótico. Como medida preventiva, pode mandar vacinar o seu cão contra a doença de Lyme para que os agentes patogénicos não possam ser transmitidos ao potencial hospedeiro no caso de uma picada de carraça.

Existem também sprays, colares ou preparações para profilaxia por pontos. Estes são geralmente também eficazes contra as pulgas ou outros parasitas.

Entretanto, até a carraça tropical Hyalomma se sente em casa na Alemanha. Pode transmitir doenças infecciosas de febre e assim causar problemas de saúde.

A melhor prevenção contra carraças é verificar regularmente o casaco. Faça este procedimento depois de cada passeio com o seu cão e tenha cuidado com estes parasitas, especialmente na cabeça e no peito. Se o seu cão apanhar uma carraça, proceda com cautela ao removê-la. Nunca utilizar remédios domésticos tais como óleo, álcool ou cola. O carrapato não se soltará com estes líquidos, mas nas suas gargantas de morte libertará mais saliva e quaisquer agentes patogénicos que possam estar presentes na ferida da mordedura. Mais adequado é um chamado fórceps de carraça ou um gancho de carraça. Com estes, pode remover profissionalmente o sugador de sangue sem o esmagar ou mesmo deixar a cabeça ou partes da boca na ferida. Cada dispositivo vem com uma descrição de como o utilizar. Se não estiver suficientemente confiante para o fazer, não hesite em pedir ajuda ao seu veterinário.

Pulgas

Se notar uma inquietação invulgar no seu amigo de quatro patas e vir que ele lambe ou mordisca frequentemente em certas áreas e se arranha muito, então verifique o seu pêlo para ver se há pulgas. É provável que uma infestação de pulgas seja a causa. As pulgas são muito pequenas, com apenas cerca de 4 mm de tamanho, mas ainda assim são fáceis de detectar. São geralmente pretas, planas de lado e podem saltar muito longe. Para detectar de forma fiável uma infestação de pulgas, pegue num pente fino e passe-o pelo pêlo do seu cão. Se as pulgas estiverem presentes, encontrá-las-á ou aos seus restos sob a forma de pequenas migalhas negras no pente. Se esfregar estas migalhas pretas num lenço húmido, elas vão ficar castanhas-avermelhadas. Isto é excremento de pulga.

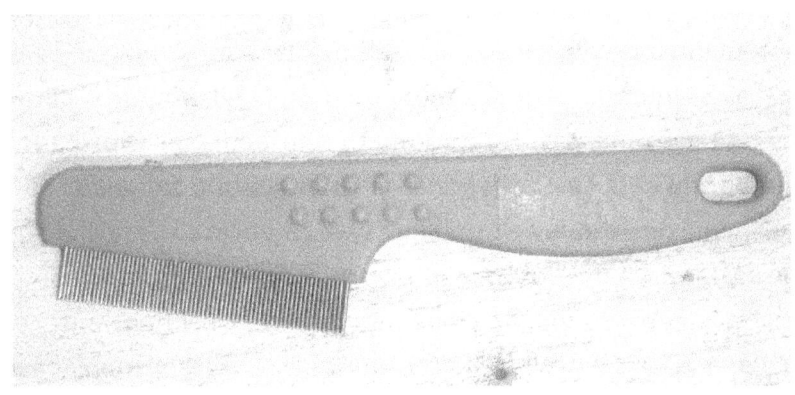

O nosso pente para pulgas como uma ferramenta útil, ©

Agora tem de fazer algo rapidamente contra as pulgas, porque elas não só se aninham no pêlo do seu amigo de quatro patas, mas também no seu cesto e em todos os lugares onde o seu cão passa tempo. Além disso, o constante coçar e lamber pode causar infecções na pele e as pulgas podem também transmitir outras doenças. É concebível, por exemplo, que o seu amigo de quatro patas possa apanhar meningite ou febre maculosa das pulgas. Também pode ocorrer uma reacção alérgica às picadas de pulgas e, o que quase nunca é pensado, pode ser transmitido pelas pulgas. Tudo isto também não é inofensivo para os humanos. É por isso que deve sempre realizar um tratamento de vermes em caso de infestação de pulgas.

Há vários produtos de controlo de pulgas disponíveis nas lojas ou junto do seu veterinário. Pode discutir com o seu veterinário qual é o mais adequado para o seu cão. Há pipetas disponíveis, as chamadas spot-ons, cujo conteúdo é pingado para o pescoço do animal. Isto pode até ser feito profilaticamente para evitar que o cão apanhe pulgas em primeiro lugar. Os sprays também podem ser úteis, mas é preciso ter a certeza de que podem ser usados num animal. Além disso, existem coleiras antipulgas que contêm um ingrediente activo que é mortal para as pulgas. Se preferir experimentar sem produtos químicos, experimente sílica ou terra de diatomáceas. Este pó muito fino pode ser espalhado no pêlo do seu cão. Também pode ser usado para a cama do cão e o seu animal de estimação espalhará este pó por si só para onde quer que vá. Demora um pouco mais para se livrar da infestação das pulgas, mas tem um efeito muito duradouro. É importante com qualquer tipo de aplicação diferente que se tratem todos os animais do lar contra as pulgas. Caso contrário, existe o risco de saltar de um animal para outro e assim nunca serem completamente erradicados.

Infelizmente, a pulga não faz diferença se escolhe um cão adulto ou um cachorro como seu hospedeiro. Com cachorros, contudo, os medicamentos para pulgas devem ser utilizados com precaução, porque o sistema imunitário ainda não está totalmente desenvolvido. Não se esqueça de falar com o seu veterinário sobre que medicamentos anti-pulgas pode usar em segurança sem prejudicar o seu pequeno querido.

Existem também várias pulverizações para o ambiente do cão, mas os ovos e as larvas das pulgas nem sempre são mortos. Estão normalmente presentes em fendas e cantos escuros da sua casa. É por isso que agora deve procurar o aspirador de pó todos os dias. Isto facilita o eclodir das larvas e pode combatê-las com medicamentos anti-pulgas. Se a sua casa for demasiado afectada, pode utilizar os chamados "nebulizadores". No entanto, não poderá entrar em sua casa durante várias horas e terá de limpar meticulosamente todo o mobiliário. Um método muito inconveniente, mas alguns donos de cães juram por isso.

Agora provavelmente está a perguntar-se onde é que o seu cão arranjou as pulgas em primeiro lugar. Isto acontece rapidamente quando está fora e com o seu amigo de quatro patas. As pequenas pragas espreitam na relva ou no pêlo de outros cães com que o seu brincou. As pupas e larvas de uma pulga podem mesmo sobreviver durante vários meses sem comida e depois acabam no pêlo do seu amigo de quatro patas. E depois é preciso considerar que uma pulga pode saltar mais de meio metro. Infelizmente, os nossos Invernos já não são suficientemente frios para matar uma população de pulgas, e uma vez que há alguns em casa, eles acham particularmente fácil multiplicar-se rapidamente. Uma fêmea pode produzir muitas centenas de ovos em poucas semanas, que acabarão por cair do cão e se espalhar por todo o apartamento. É por isso que é tão importante controlá-los dentro das suas próprias quatro paredes. As larvas de pulga eclodem dos ovos após um curto período de tempo. Estes encontram-se principalmente em fendas escuras ou em vestuário e têxteis, bem como em tapetes. As larvas são muito robustas e difíceis de remover. No ciclo seguinte, as larvas pupas e podem sobreviver durante muitas semanas e meses. Mesmo os químicos dificilmente afectam o cachorro. Agora a pulga adulta emerge e está pronta para pôr novos ovos. É muito difícil controlar uma verdadeira infestação de pulgas. Portanto, faça um favor a si próprio e verifique regularmente se o seu cão tem parasitas.

Seguro de saúde

É claro que as companhias de seguros querem ter lucro. Por conseguinte, normalmente paga mais em prémios de seguro, distribuídos ao longo da vida do cão, do que o veterinário lhe custaria. Mas não se deve tomar a decisão tão facilmente.

A menos que tenha um saldo de crédito que lhe permita cobrir mesmo uma conta veterinária muito elevada em qualquer altura, o factor tempo desempenha um papel. Um seguro de saúde veterinário cobrirá todos os custos após apenas alguns meses. O conselho de poupar um montante correspondente ao prémio todos os meses não tem qualquer utilidade se o seu cão sofrer um acidente grave em tenra idade. Nenhum hospital veterinário concordará em pagar o tratamento em pequenas prestações durante 10 anos.

Além disso, pode ter a infelicidade de o seu cão ficar doente e muitos tratamentos dispendiosos são necessários. Nesses casos, o seguro é muitas vezes mais barato. No entanto, observe de perto as tarifas.

Antes de mais, há a distinção entre seguro de saúde global, seguro de custos cirúrgicos e seguro de acidentes.

Um seguro de saúde abrangente cobre todos os custos veterinários necessários, mas normalmente apenas uma parte dos custos das vacinas. Algumas empresas não cobrem os exames puros, por exemplo para um certificado sanitário.

As tarifas são relativamente caras. Há normalmente um limite de idade para a subscrição da apólice. Em alguns casos, existem limites máximos de prestações ou é acordada uma franquia por ano ou por diagnóstico. Como regra, a cobertura do seguro depende de o seu cão receber certas vacinas. Além disso, os benefícios totais só são normalmente pagos após um período de espera. Os tratamentos que se tornam necessários devido a um acidente que ocorreu após a conclusão do contrato são normalmente cobertos pela empresa imediatamente. **O seguro de custos de cirurgia** é significativamente mais barato, mas muitas vezes apenas os custos de cirurgia pura são cobertos. Algumas tarifas cobrem também os custos dos exames preliminares e de acompanhamento, bem como dos medicamentos. Também são possíveis períodos de espera e limites máximos de benefícios. No entanto, é muitas vezes possível fazer um seguro para animais mais velhos.

Com o seguro de **acidentes,** as companhias de seguros só cobrem os custos de tratamento que se tornem necessários em consequência de um acidente. As tarifas são muito favoráveis, não há período de espera e não há limite de idade.

Atenção: A tabela de honorários dos veterinários (GOT) permite ao médico cobrar até três vezes o valor de base de um serviço. Muitas vezes, as empresas cobrem apenas a taxa única. Por conseguinte, mesmo com seguro completo, só poderá ser reembolsado parcialmente da conta do médico.

O que	Custos / ano
Imposto sobre cães	100 - 150 Euros
Seguro de responsabilidade do dono do cão	50 - 100 Euros
Seguro de saúde animal	120 - 300 euros
Contribuição do Dog Club	50 - 100 Euros
Chuck	1,200 - 2,000 euros
Total	**1,520 - 2,650 euros**

A educação e a formação de um Pequeno cão holandês

Nem sempre é fácil treinar um cão, especialmente se um dono não tem experiência prévia. Este passo pode ser avassalador e rapidamente surgem frustrações que podem perturbar em massa tanto o cão como o humano na vida quotidiana. No capítulo anterior, foi explicado o treino básico, mas isto não descreve como se pode formar uma ligação íntima entre o ser humano e o cão, que se baseia no respeito e na bondade. Isto será tratado neste capítulo para que mesmo os pequenos obstáculos da vida quotidiana juntos possam ser dominados.

A palavra-chave aqui é reforço positivo. Não é raro os cães serem igualmente intimidados pela sua nova casa e pelas lições de aprendizagem que virão, como é o caso do dono como professor. A paciência e a bondade devem ser aqui trabalhadas, pois são os pequenos passos que levarão a dupla ao seu objectivo.

REFORÇO POSITIVO NA FORMAÇÃO DIÁRIA

A formação de respeito

O treino de respeito é uma das secções importantes no âmbito da educação de um cão. É necessário estabelecer uma relação, cuja base é o respeito geral. A palavra-chave aqui é dominância e confiança.

Através das várias tendências dos últimos anos, tornou-se evidente que a violência não é necessária no treino de um cão. Em vez disso, para que um proprietário possa afirmar o domínio, é necessário trabalhar com domínio que não seja assustador. Este domínio é o mesmo domínio da esfera privada ou da vida profissional. Para que os exercícios seguintes possam funcionar, o proprietário deve não só agir com confiança, mas também ser calmo, composto e, acima de tudo, seguro de si. A pessoa deve estar consciente do poder que tem sobre o cão e isto também deve ser irradiado, mas com compostura e bondade. Isto é especialmente importante se os exercícios não funcionarem de imediato.

Qualquer pessoa que não tenha auto-confiança na vida quotidiana deve aprender isto primeiro antes de tentar ensinar um cão a respeitar-se a si próprio, caso contrário o cão não conseguirá levar a sério o seu dono.

Para ver se o cão já sente algum respeito desde o início ou nenhum, pode ser aplicado um simples teste de confiança. Este teste pode ser usado para ver se o cão é capaz de aceitar a primazia humana. É importante compreender que se trata de um teste e não de um exercício. Quaisquer resultados são bons resultados.

Na melhor das hipóteses, o cão deve conhecer alguns comandos. No início do teste, deve ser dada a ordem de se sentar ou deitar. Agora o dono deve agachar-se ao lado do cão. É importante aqui certificar-se de que o cão não está dobrado, o domínio não deve ser forçado. Agora o dono pode colocar a sua mão na parte superior do pescoço do seu cão, de preferência directamente atrás das orelhas e não directamente no pescoço, caso contrário isto pode tornar-se rapidamente desconfortável. Além disso, não se trata de provar a sua força ou de agarrar. É simplesmente um movimento descontraído. Com um pouco de pressão, a cabeça pode agora ser pressionada para o chão, mas apenas até ao ponto em que o queixo do cão não toque no chão. Se a cabeça for completamente pressionada até ao chão, isto pode causar uma sensação de encalhamento no cão.

Este teste é para ver quanta pressão é necessária para que o cão cumpra o movimento. Se não for necessária qualquer pressão, o cão aceita que o humano tem prioridade. Se o cão não cumprir o movimento e tentar sacudir a mão do humano, então a equipa ainda tem um longo caminho a percorrer. Se este teste for repetido após algum tempo, o objectivo é que o pescoço não seja mais sentido, apenas o pêlo. Isto deve ser suficiente para que o cão cumpra o movimento. Se o cão se contorce e mostra medo, então o domínio é assustador e não pode haver uma ligação positiva entre cão e dono.

Dependendo da fase de aceitação em que o cão se encontra, diferentes exercícios podem agora ser utilizados para aprofundar ainda mais o domínio do humano.

Por isso, é importante compreender como se comporta uma matilha de lobos - os antepassados do cão. O líder da matilha é considerado um nobre, ele comporta-se de forma soberana e majestosa. Entre outras coisas, isto significa que espera saudações, mas ignora-as a fim de demonstrar o seu poder. Os seres humanos podem fazer uso deste sistema. Muitos donos de cães desenvolveram um ritual matinal com o seu cão. Acolhem-se animais de estimação extensivos, alguns cães podem saltar para a cama ou subir as pernas do ser humano. Este ritual deve ser evitado. Além disso, o cão não deve ser considerado como um ser humano. Imediatamente após os cães acordarem, alguns donos começam a falar com eles, mas isto não tem o efeito desejado. É claro que é bom ver o seu melhor amigo todas as manhãs, mas isto mostra ao cão que ele se vai safar com o seu comportamento.

De manhã, deve, portanto, tentar ignorar o cão durante alguns minutos. Não tem de ser longo, mas tempo suficiente para o cão se acalmar da sua alegria matinal. Isto pode ser seguido por uma saudação comedida. Palavras suaves e algumas pinceladas tranquilas são suficientes, embora não deva haver aqui demasiados bichinhos de estimação. O objectivo do domínio é que o cão aprenda que tem de se comportar bem e trabalhar para as suas queridas palmadinhas.

Os cães são donos do seu ofício. Eles sabem exactamente como obter o que querem dos seus humanos. Imploram por atenção, sabendo muito bem o que isso significa para eles. Faz parte do comportamento natural do cão. Apesar de ser difícil resistir aos grandes olhos, isto deve ser ignorado. Só perturbaria o ritual matinal, especialmente se não houvesse muito tempo antes do trabalho pela manhã.

O mesmo se aplica ao regresso após o trabalho ou geralmente após a saída de casa. Alguns donos de cães provocam a adrenalina no cão com braços estendidos ou uma voz muito aguda. Cumprimentam o seu cão porque sentiram a sua falta. Isto é muito normal, mas deve ser entendido que um líder de grupo que regressa nunca cumprimenta o grupo. Em vez disso, o bando está feliz por vê-lo regressar e cumprimenta-o, nunca o contrário.

Tanto quanto as pessoas estão felizes por voltar a ver o seu melhor amigo, o mesmo acontece com os cães. Alguns correm para os seus donos, outros saltam pelas pernas acima. Para assegurar que isto se abstenha por si só no futuro, o cão deve ser ignorado até se acalmar. O objectivo posterior é permitir que o cão se apoie no dono ou noutras pessoas, ou mesmo empurrá-las com o focinho, mas os movimentos devem ser calmos e controlados. O comportamento excitado não é recompensado na natureza, pelo que também não deve ser recompensado pelo proprietário.

Se isto for mantido, também pode ajudar os cães com a ansiedade de apego. Ao dar uma saudação fugaz, com palavras calorosas ou tapinhas muito curtas, o cão aprende que é normal que o humano desapareça da vista ou não esteja por perto durante algumas horas.

Uma saudação fraca de manhã e ao fim do dia pode fazer com que o cão perca o interesse pelo humano ou se aborreça. Para compensar isto, o dono deve não só brincar com o cão sob a forma de distracção, mas também deve participar activamente. Isto significa que eles devem andar juntos, por vezes até ao nível dos olhos. O puxar de um pau juntos pode ter um efeito aliviador em ambas as partes, e se os dois atravessarem um prado, isto fortalece a ligação com o cão. De vez em quando, o comportamento lúdico deve, portanto, ser copiado.

Se o cão for suficientemente pequeno, também pode ser levantado do chão. Isto reforça a confiança porque o cão não deve sentir qualquer medo. As fronteiras de ambos os lados devem ainda ser respeitadas. Alguns cães não gostam de não ter as patas no chão, e nem todos os donos gostam quando o cão fica particularmente agitado. Neste caso, a passagem de um limite deve terminar o jogo.

O cão também deve estar sempre consciente de que o humano é maior e mais forte. Isto pode ser aprofundado inclinando-se brevemente sobre o cão quando este estiver deitado no chão, por exemplo. Pode ser acariciado brevemente. A barriga é melhor para isto, pois os cães só mostram a barriga e o peito quando se sentem confortáveis. Desta forma, é possível estabelecer um domínio positivo e, ao mesmo tempo, é um gesto de confirmação.

Existem métodos diferentes e bastante pequenos que podem ser utilizados para fazer o cão perceber que tem de mostrar respeito pelos humanos. Na maioria dos casos, o sucesso pode ser alcançado muito rapidamente. Estes mostram-se acima de tudo através de pequenos gestos. Estes gestos são chamados "gestos de apaziguamento". Com a maioria dos cães, estes são mostrados lambendo a mão que o acaricia e, sobretudo, evitando o contacto visual quando o humano se inclina sobre o cão.

Desrespeito para com outros cães

Muitas vezes, porém, o verdadeiro problema não é que o cão não mostre o devido respeito pelos humanos, mas que os limites de outros cães sejam ultrapassados, por exemplo, no passeio diário. De vez em quando, pode também comportar-se de forma agressiva.

Os cachorros nunca se comportam mal em relação a outros cães. Se isto ocorrer em anos posteriores, é porque algo está errado ou porque algo aconteceu. Nos casos mais comuns, atravessar os limites de outras pessoas é porque o cão está stressado e não se apercebe que o outro cão pode não querer brincar. Muitas pessoas pensam que não acontece muito na vida de um cão: A maioria deles encontra-se confortavelmente algures no apartamento. Os cães, no entanto, copiam o comportamento das pessoas e assim o temperamento do dono também pode ter um efeito sobre o cão. As mais pequenas alterações podem causar grandes reacções. Ao mesmo tempo, a falta de exercício ou distúrbios do sono podem causar stress no cão. É um simples desequilíbrio que leva o cão a exagerar e talvez até a comportar-se de forma agressiva. Além disso, a sobrecarga de estímulos pode ocorrer nos passeios, razão pela qual os limites, comandos e chamadas são simplesmente ignorados.

As más experiências criam paredes protectoras, e não apenas nos humanos. Situações negativas do passado também podem deixar vestígios no cão. A interacção com outros cães pode ser assustadora e acabar em agressão. Este é um simples comportamento protector. Nestes casos, é importante que o dono se mantenha calmo e não entre em pânico quando o cão não está sob controlo. Isto iria perturbar ainda mais o melhor amigo. Como dono de um cão, é importante mostrar sempre a sua própria dominância controlada, como explicado na última secção.

Não confundir com a passagem deliberada de fronteiras é uma passagem não intencional. Alguns cães têm falta de comportamento social se tiverem sido criados sozinhos e raramente conseguiram fazer contactos sociais no meio ambiente. Isto pode tornar-se aparente quando se caminha em lugares vazios ou quando o cão só faz exercício no seu próprio jardim. Se o local for então mudado, para um parque para cães, por exemplo, então ocorre outra sobrecarga de estímulos. O cão está simplesmente sobrecarregado porque agora encontra muitos cães estranhos. O mesmo pode acontecer com os humanos se estiverem sozinhos a maior parte do tempo e depois visitarem um grande evento no centro da cidade. Os cães não são muito diferentes dos humanos em termos de comportamento e reacções.

A principal razão na maioria dos casos descreve que o cão quer mostrar controlo em relação a outro cão. Isto pode muitas vezes dar um tiro pela culatra, já que os cães raramente agem submissamente uns com os outros. Na vida quotidiana, há muito para um cão controlar: Coisas que os humanos, como figuras dominantes, nunca poderiam controlar. Estes incluem território, concorrentes e recursos. Isto inclui brinquedos, comida e também o próprio dono do cão, que o cão tenta defender.

A fim de trabalhar o desrespeito para com outros cães, são necessários outros cães. Isto não pode ser feito sozinho. Um cão descontrolado pode ser treinado numa área controlada com cães experientes que são talvez um pouco mais velhos e ouvem a palavra dos seus donos. Enquanto todos os outros cães estão amarrados, ele deve ficar com a trela e sentar-se perto do dono. Agora os outros cães podem brincar ou sentar-se por perto. O próprio cão ladrará, talvez rosnará ou puxará para o arnês. Deveria ser-lhe permitido fazer isto. Este exercício funciona melhor quando o dono não mostra qualquer reacção quando segura o seu cão com confiança. Eventualmente, o cão irá esgotar-se e tornar-se mais calmo por si próprio. Isto fá-lo compreender que os outros cães não são um perigo. Desta forma, os medos podem ser ultrapassados e o cão melhora o seu comportamento social.

Ladra, teimosia, indisciplina e comportamento agressivo

No entanto, uma melhoria do comportamento social nem sempre é suficiente. Apesar da habituação, ainda podem ocorrer comportamentos agressivos. Normalmente, um surto agressivo pode ser reconhecido momentos antes. Isto acontece quando há uma rigidez repentina, quando as orelhas se levantam ou são esticadas para trás, quando o contacto visual é ininterrupto com outro cão, quando o pêlo das costas é erguido, quando o mesmo acontece com a cauda e quando o cão abre a boca e mostra os seus dentes.

Se este comportamento puder ser observado com a rapidez suficiente, é possível intervir. É melhor que o outro dono do cão seja sensibilizado para a situação. Como o cão está num estado de rigidez, muitas vezes não serve de nada afastá-lo ou mesmo tentar afastá-lo. No entanto, o cão deve ser afastado da situação e isto é melhor feito quando o outro cão se afasta. Por vezes, o contacto visual pode ser suficiente. Para o fazer, o dono pode ficar à frente do seu cão e fazer contacto visual independentemente. O tempo também pode ser utilizado para colocar a trela, caso o cão corra livre e entre num estupor. Os brinquedos também podem ajudar a desviar a atenção do cão estranho. É importante que o proprietário não fique nervoso. O cão olha para si de vez em quando, para se certificar de que não corre perigo. Não deve ser dada ao cão qualquer razão para reagir ou mostrar medo. O cão pode ser subjugado por um controlo de pé. Deve-se esperar até o cão estranho estar fora de vista e o cão se ter acalmado. Se for re-harnessed demasiado cedo, poderá correr atrás do outro cão. Após tal situação, o jogo e a brincadeira extensiva são importantes. Não só para que os pensamentos voltem ao dono, mas também para que o cão se possa esgotar a si próprio. Um cão exausto vive no presente e mostra menos reacções.

Os cães que muitas vezes reagem agressivamente também podem ser treinados com um açaime. Se for escolhido o focinho certo, não se senta desconfortavelmente e não impede o cão - apenas que não possam ocorrer lesões.

Mesmo com um açaime, ainda podem ocorrer latidos altos. Isto não só tem de acontecer num passeio, como também pode acontecer na sua própria casa quando ouve ruídos, tais como a campainha da porta. Alguns truques podem ser usados para quebrar o hábito do latido indesejado. No entanto, não se deve esquecer que o latido é normal. Serve como comunicação entre cães e nem sempre tem de representar um comportamento agressivo. Alguns cães foram mesmo criados para ladrar particularmente alto. Está nos seus genes, criados ou não. Se o latido ocorrer de tempos a tempos, é normal. O latido frequente, porém, pode ser perturbador e levar a um comportamento problemático.

Há normalmente uma razão para ladrar alto. Pode ser um apelo à atenção, solidão, tédio simples porque o cão não está suficientemente ocupado, excitação, nervosismo, medo e insegurança ou pode ser dor. Além disso, há frequentemente treino subconsciente. Não raro, isto é devido ao proprietário. Assim, o cão nem sempre ladra a mesma casca, pode mostrar sete emoções diferentes: Impaciência, tristeza, desespero, alegria, aborrecimento, raiva e indignação.

Na maioria dos casos, o ladrar alto pode ser lentamente desencorajado, simplesmente ignorando o cão. Se um cão começa a ladrar, normalmente é seguido por um forte apelo para que ele pare. Mas isto só reforça o problema. Neste contexto, é importante que os cães não sejam recompensados depois de se acalmarem. Isto só lhes mostraria que devem continuar a ladrar no futuro.

A causa deve ser encontrada. O cão ladra quando o dono o deixa em paz e a casa é deixada? Neste caso, ocorre a ansiedade de separação, que pode ser remediada com um pouco de treino. Ladra no apartamento enquanto o dono está sentado ao seu lado? Talvez tenha ouvido um barulho lá fora. Neste caso, deve ter-se o cuidado de distrair o cão. Isto pode ser feito com o seu brinquedo preferido.

Se souber lidar com comandos, pode também usar um comando de cessar e desistir. Isto pode ser treinado como qualquer outro comando. Se o cão parar de ladrar à ordem, recebe uma recompensa. Isto pode ser muito bem treinado com um clicker.

Mas, em última análise, os cães podem ser tão teimosos e indisciplinados como os humanos. Os cães são muito mais fáceis de treinar, mas deve compreender-se que não seguir uma instrução nem sempre significa teimosia ou indisciplina. Em vez disso, existe uma razão. Na maioria das vezes, a teimosia é porque o humano pensa que o comando é internalizado, mas o cão ainda não o internalizou realmente. Este é um simples problema de comunicação. E mesmo que a ordem tenha sido realmente internalizada, o cão pode não ver qualquer benefício em obediência. Não vale a pena para ele ou a desobediência vale ainda mais a pena.

Não se deve esquecer que os cães são criaturas que seguem os seus próprios instintos. Têm apenas limitada a chamada "tolerância à frustração". Isto é semelhante à tolerância de uma criança: Se uma lição simplesmente continuar demasiado tempo ou o exercício for demasiado difícil, a criança fica frustrada. Isto manifesta-se em indisciplina ou teimosia. Aqui é importante proceder com paciência e é necessária uma repetição constante. Os comportamentos também não devem ser alterados, uma vez que os cães são criaturas de hábitos, semelhantes aos humanos.

Por vezes o incentivo precisa de ser aumentado. Muitas raças de cães são explicitamente criadas para serem independentes e têm dificuldade em submeter-se. Num cão de caça como o Pequeno cão holandês, o incentivo de apanhar um cheiro é muito mais forte do que simplesmente caminhar ao lado do caçador. Na vida privada, um cão pode muitas vezes ser motivado com guloseimas. Nestes momentos, a obediência compensa e eles afastam-se da teimosia ou da indisciplina por si próprios.

Se um cão cai frequentemente em teimosia, isto pode ser devido ao facto de o cão não ser exercitado o suficiente. Isto pode levar a vários comportamentos indesejáveis. Se um cão não tiver feito exercício suficiente, ele morderá sapatos ou tapetes. De vez em quando, alguns cães começam a mordiscar as suas próprias patas. Há ruídos chorosos e uma inquietude geral. Para saber quanto exercício um cão precisa, um dono deve pesquisar a raça de cão. A Pequeno cão holandês tem uma vontade crescente de exercício. Fica esgotado rapidamente, mas recupera igualmente rápido e pode continuar logo a seguir. Embora seja um dos pequenos espanhóis, tem muita resistência de que tem de se livrar antes de se poder acalmar.

Formação em gaiolas - treino de alojamento do cachorro

A última coisa a discutir aqui é o treino de habitação. Não só é extremamente irritante se o cão não tiver a bexiga sob controlo, como significa muito esforço e cheiros desnecessários.

Uma vez que os cães são criaturas de hábitos, deve ser criada uma rotina a que não só os pensamentos do cão aderem, mas também o seu relógio interno. Uma rotina matinal é, portanto, importante. Isto pode ser aplicado não só aos cachorros, mas também aos cães mais velhos. Por exemplo, depois do cão ter comido a sua comida, esta deve ser levada para fora. O intestino de um cão não é tão longo como o intestino de um humano. O impulso geral vem, portanto, mais rapidamente num cão. Para que não fique sobrecarregado quando é colocado fora da porta de uma só vez, deve ser-lhe atribuída uma área específica para que a abertura da porta da frente traga consigo uma tarefa. As primeiras vezes esta rotina pode levar alguns minutos, uma vez que os cachorros não podem fazer o seu trabalho sob comando. Só aprendem isto em anos posteriores. Assim, depois de esperar pacientemente, o cão fez o seu trabalho e regressa ao apartamento ou casa, deve ser recompensado, com muitos elogios e de preferência guloseimas. Desta forma, aprende que fez algo bem.

Para que o treino de alojamento se possa sentar, e isto levará algumas semanas, o cão deve ter oportunidades regulares de se aliviar. A cada duas horas é muito bom para um cachorro. Uma vez que o treino em caixote tenha sido efectuado, os cães ou tomam nota ou só precisam de fazer o seu trabalho três vezes por dia, pois agora podem controlar o seu intestino.

Como em qualquer outra formação, o proprietário deve ser consistente. O treino levará tempo, os cães jovens por vezes só precisam de algumas semanas, mas os cães mais velhos por vezes precisam de um ano inteiro e os percalços acontecem depois. Estas podem acontecer, mas mesmo assim a rotina não deve ser afastada.

A propósito, os cães mostram sinais de que precisam de sair minutos antes do impulso real. Isto pode ser reconhecido quando o cão se vira em círculos, olha em volta com incerteza ou quando já está à procura de cantos adequados. Por vezes, os cães jovens podem ser levados para fora por causa destes sinais e depois nada acontece. Isto porque são esmagados pela natureza e são facilmente distraídos. A paciência pode ir muito longe aqui.

A formação real em caixote refere-se explicitamente ao caixote: ao parque infantil do cachorro. Esta formação é muito importante para a noite. Os cachorros ficam no parque com a cadela no início e como os cachorros ainda são muito novos, não conseguem controlar a sua bexiga, razão pela qual acabam por sujar a sua área de sono. Isto é particularmente desagradável para a cabra. Por conseguinte, é utilizado um caixote separado, que é forrado com ninhada de gato. Se for possível detectar sinais de que o cachorrinho tem de fazer o seu negócio ou urinar, ele pode ser cuidadosamente levantado para dentro da caixa. Desta forma, os mais pequenos compreendem muito rapidamente que não podem simplesmente deixá-los correr, mas que existe um lugar atribuído.

EQUIPAMENTO DE FORMAÇÃO

Há muito a considerar quando se trata de equipamento, porque não só o caçador ou o dono leva consigo o seu equipamento, mas também o cão leva o seu próprio equipamento especial, que pode salvar a sua própria vida em caso de dúvida. Tal equipamento, na vida quotidiana e na caça, pode trazer custos elevados com ele. Não se deve esquecer aqui que o equipamento de um cão deve durar, idealmente, vários anos, razão pela qual não se deve dispensar uma certa qualidade. O equipamento deve sobreviver a uma vida bastante longa de um cão, geralmente entre dez e 15 anos.

Uma vez que um potencial proprietário de cães já deve ter algum equipamento antes de adquirir um cão, o equipamento geral e o equipamento específico de caça serão discutidos aqui num sub-capítulo.

Equipamento de formação geral

O equipamento geral não é tão caro como o equipamento de caça, mas o equipamento de treino geral também pode ser bastante dispendioso. Trata-se de alguns itens indispensáveis que não devem faltar e pelos quais se deve prestar atenção à alta qualidade. A formação de base em si mesma pode, no entanto, ser realizada quase gratuitamente.

Adquirir um cão é um assunto dispendioso, especialmente se o cão for mais tarde utilizado em qualquer forma de caça ou salvamento de vidas. Aqui depende da preferência do futuro proprietário, mas potencialmente pode dizer-se que uma criação segura, boa e de alta qualidade joga na gama de quatro dígitos. Isto requer um lar seguro, alojamento confortável. Isto significa que é necessário comprar tigelas para comida e bebida, camas e trelas para cães respectivamente um arnês a condizer que se adapte confortavelmente ao cão e não o impeça no seu trabalho, precisa de uma coleira e brinquedos para que o cão possa ocupar-se de forma independente, pois isto significa que os objectos em casa têm menos probabilidades de serem mastigados. Um cão exausto, tanto física como mentalmente, é muito mais calmo e ouve melhor os comandos e as instruções. São necessárias muitas formas diferentes de brinquedos que precisam de ser substituídos regularmente. Os paus simples ainda podem ser usados durante o passeio diário.

Ao mesmo tempo, devem ser considerados os custos de seguros, visitas veterinárias e procedimentos cirúrgicos, tais como esterilização e esterilização. A inserção do chip também pode implicar custos, o que é um requisito básico para um teste de aptidão do cão de caça. Estes são requisitos que apenas implicam um pagamento único.

No âmbito da formação propriamente dita, por outro lado, estão envolvidos poucos custos. Comandos simples podem ser executados com recompensas que não custam muito e não precisam de ser de alta qualidade, especialmente porque a criação de animais de estimação é gratuita. Mesmo o treino com um clicker pode ser feito com um simples clicker de plástico, e um apito de cão pode durar anos com pouco esforço.

No treino de obediência geral, o trabalho é feito sem equipamento, uma vez que o objectivo é reforçar a dinâmica entre dono e cão. Aqui são utilizadas palavras simples, especialmente porque dicas e truques podem ser encontrados gratuitamente na Internet e até treinadores de cães e profissionais caninos disponibilizam as suas dicas ao público em geral gratuitamente. No entanto, vale a pena consultar um treinador de cães de vez em quando e reservar algumas lições pagas com ele, especialmente se o futuro dono do cão ainda não tiver criado um cão seu - especialmente desde que alguns cães chegam à sua nova casa com experiências traumáticas.

Apenas na área da formação de rastreio, que não tem necessariamente de ser para fins de caça, deve ser utilizado equipamento de alta qualidade. Os primeiros começos são feitos com recompensas simples e mesmo a carne crua nem sempre tem de ser cara. Só em formações posteriores é que esta mudança se verifica. Os bonecos são caros desde o início e quanto mais realistas precisam de ser para progredir na formação, mais caros se tornam. Vale a pena investir nos referidos manequins para que o cão possa conhecer novas texturas que não sejam exclusivamente de plástico.

Por outro lado, alguns caçadores trabalham com sprays de rastreio do suor, que podem ser comprados em garrafas, e colares especiais de treino. Alguns destes colares emitem um cheiro desagradável ou choques eléctricos ligeiros em caso de desobediência.

As gamas de preços de todos os produtos, dos quais existem muitas marcas e tamanhos, estão em alturas diferentes, e é por isso que é importante aqui confiar no seu próprio instinto. É o dono que decide como o cão deve ser treinado. Pode contar com ajudas novas ou pode trabalhar com métodos experimentados e testados. Por exemplo, nem todos se sentem à vontade para colocar uma coleira no seu animal de estimação que corrija cada pequeno erro. Se não tiver a certeza, pode não só pedir conselhos na Internet, mas também várias lojas oferecem ajuda para os recém-chegados. Também pode falar com colegas que já tenham treinado um cão com sucesso.

Equipamento específico de caça

O verdadeiro equipamento de caça de um cão é indispensável, mas tal como todos os envolvidos numa caçada concordam com isto, as opiniões dividem-se sobre os produtos, o material de que são feitos e as marcas. As várias opções de equipamento básico serão discutidas aqui.

Uma caçada nunca começa em qualquer parte da floresta, em vez disso, é sempre acordado um ponto de encontro. Este é um ponto ao qual todos os caçadores podem regressar, por exemplo para trocar os seus cães que entraram no carro de outra pessoa ou para trazer de volta os animais de caça que foram abatidos. Durante as caçadas oficiais, o cão deve permanecer com trela. O assistente de caça só pode ser desarmado e assim libertado da trela quando a caçada propriamente dita começa, normalmente assinalada pelo sopro da buzina. A razão para isto é que a maioria dos cães está ciente do que irá acontecer quando forem trazidos para o ponto de encontro pelos seus donos. Isto resulta numa grande excitação que pode saltar muito rapidamente de um cão para o outro. Mesmo entre os humanos, os percalços e lesões ocorrem quando há grande excitação. Por conseguinte, se os cães puxarem o arnês ou a trela, devem permanecer livres para a segurança de todos os presentes - pessoas e cães.

Quando se trata de trelas e arreios, resume-se à preferência pessoal e à opinião pessoal do proprietário. Basicamente, é do conhecimento geral que as trelas de couro não são fáceis de manter e requerem mais esforço do que os produtos plásticos. Além disso, deve ser tomada uma decisão entre uma faixa de transpiração e uma linha de chumbo. Aqui depende do que exactamente o cão foi ensinado e para que área de caça será utilizado.

No entanto, mesmo que o companheiro de caça não tenha sido treinado para ser um cão de caça que permanece na trela durante a caçada, ou se o próprio caçador não for um manipulador, a compra de várias trelas e arreios deve ainda assim ser considerada.

Por último, mas não menos importante, deve haver arneses na selecção que sejam coloridos e atraentes. Durante uma caçada à chaleira, muitos cães com a mesma aparência podem confundir-se, ou durante as caçadas de carro particularmente longas, alguns cães de caça podem não ser capazes de encontrar o caminho de volta aos seus donos por si mesmos devido à sua excitação. É por isso importante que a coleira, o arnês e a própria trela tenham um nome, de preferência o nome do cão e o nome do caçador.

A cor em si é a preferência do proprietário, mas deve ser dada atenção às cores que podem ser facilmente reconhecidas numa floresta bastante escura. Não é raro que uma trela seja simplesmente solta para que o cão a arraste atrás dele. Encontrar uma trela escura no chão da floresta no final do Outono pode, por vezes, ser impossível.

Pela mesma razão, é necessário um colete de protecção com cores atractivas. Há muita escolha no campo dos coletes de protecção. É importante conhecer o tamanho do cão ou as medidas exactas para que o colete caiba o mais confortavelmente possível. Desta forma, não haverá irritações que possam distrair o cão durante uma caçada. Uma vez encontrado o tamanho certo, deve ser seleccionado o colete de protecção real. Pode ser feita uma distinção entre simples coletes de aviso, que por vezes são também chamados colarinhos de aviso, e coletes de segurança. Os coletes de alta visibilidade são coletes ou coleiras que se destacam particularmente e reflectem a luz, mas que não oferecem qualquer protecção ao cão. Se estiver preocupado com a segurança do seu cão, pode comprar um colete de segurança feito de Kevlar. Este é o mesmo material que é utilizado como estofo nas calças de caça e protege não só contra morder animais selvagens, mas também contra javalis que se defendem com os seus chifres. Também pode acontecer, se um animal de caça tiver mordido o cão, que o caçador tenha de se aproximar dele com uma chamada arma de javali. Estas armas de javali têm geralmente uma baioneta no cano, uma lâmina que pode causar ferimentos graves. O Kevlar protege contra cortes ou perfurações.

Não há muito no equipamento básico que um cão carrega sozinho. Deve poder mover-se livremente, e sem se irritar ou ficar preso no matagal. O caçador, em vez disso, tem mais equipamento para transportar. Um assobio de cão, por exemplo, é um item indispensável se não for possível assobiar alto sob o seu próprio poder. É importante certificar-se de que é utilizado o mesmo apito do cão que foi utilizado no treino do cão. Isto porque cada apito canino toca a uma frequência que é claramente audível para os cães, o que difere do apito canino para o apito canino. Aprender a assobiar com os dedos pode, portanto, ser uma grande vantagem.

Tal como um cão deve levar um colete, o caçador também deve usar o chamado colete de condutor de cães. Isto facilita aos colegas a localização do dono de um cão perdido quando se reúnem no ponto de reunião após uma caçada bem sucedida. Se for caçar sozinho ou tiver um cão consigo que tenha dificuldade em largar a caça de corrida, mesmo após muitos quilómetros, um localizador GPS moderno é uma boa ideia. De vez em quando pode acontecer que a acuidade do jogo num cão seja tão forte que é quase impossível para o cão largar um jogo que fugiu e fugiu de um tiro. Não é invulgar o cão deixar muitos quilómetros para trás, fazendo quaisquer chamadas e apitos sem serem ouvidos mesmo por um cão.

Se um cão tiver demasiada nitidez deste jogo, pode ser trabalhado com novos tipos de coleiras anti-barco, que podem ser utilizadas para a caça às peles, perseguição ou caçadas com motor. Deve dizer-se aqui, no entanto, que os caçadores antiquados se abstêm de recorrer a estes métodos.

O tema dos primeiros socorros é uma secção particularmente importante. É importante para um caçador conhecer a anatomia de um cão. Isto difere da anatomia de um ser humano, e é por isso que pode ser difícil tratar lesões num cão. Muitas vezes são necessários métodos não convencionais. Um caçador deve, portanto, não só transportar material de penso convencional com o qual as lesões nas pernas possam ser tratadas, mas para a zona abdominal, onde podem ocorrer lesões maiores, deve sempre ser transportada película aderente. Esta é uma forma muito rápida e hermética de estancar uma lesão hemorrágica. Os ferimentos ocorrem com bastante frequência durante a condução e as caçadas guiadas, e não só o dono mas também outros caçadores têm de cuidar deles antes de o cão poder ser levado a um veterinário. Além disso, todos os caçadores devem saber como podem ser as lesões nos cães. Isto deve-se ao facto de um caçador notar frequentemente que um cão é ferido mais rapidamente do que o cão real. A libertação de adrenalina num cão é maior do que alguma vez poderia ser num humano e, no entanto, em situações extremamente ricas em adrenalina, os humanos podem não se aperceber que estão feridos. Isto é maximizado num cão. Um caçador deve, portanto, ser bem treinado não só em anatomia mas também na ciência das lesões. Isto inclui que o proprietário esteja sempre ciente de onde se encontra o veterinário mais próximo.

Todos os caçadores devem também saber que um cão precisa de beber mais quando caça. Uma tigela de água e uma garrafa de água cheia devem ser sempre transportadas, mesmo que haja um corpo de água nas proximidades, uma vez que os cães podem ficar muito doentes devido à água estrangeira.

Cada caçador tem uma preferência individual, alguns preferem tecidos ecológicos, outros optam por couro biologicamente reciclado. Também pode haver diferentes experiências e opiniões em relação à facilidade de utilização geral dos referidos produtos. Alguns manipuladores podem sentir-se sobrecarregados ou fora da sua profundidade. São feitas novas impressões e não é raro os colegas tentarem persuadir as pessoas a comprar produtos de uma forma extremamente entusiástica. O que deve ser dito aqui, portanto, é que se trata de uma questão da própria preferência, que deve ser encontrada através de tentativa e erro. Não só o caçador tem de se sentir confortável com o seu equipamento, mas o mesmo se aplica ao cão. Nem todos os cães gostam de usar um colete de segurança ou de alta visibilidade, pelo que alguns cães só podem usar coleiras bem visíveis.

Encontrar a sua própria preferência envolve investigação. Vale a pena falar com colegas ou falar com outros caçadores no local da recolha e ouvir as suas experiências. As recomendações podem levar a compras que podem revelar-se um erro. Mas isto é importante, caso contrário não é possível formar a sua própria opinião.

Um caçador é portanto deixado à sua sorte, mesmo que seja possível encontrar não só os produtos necessários nas lojas ou na Internet, que são precisamente adaptados às necessidades pessoais, mas também pode ser procurada ajuda profissional.

COMPORTAMENTOS INDESEJÁVEIS

No entanto, nem sempre é o seu comportamento que precisa de ser melhorado. Os maiores problemas na posse de cães ocorrem quando o cão apresenta um comportamento indesejável e você, como dono, é incapaz de quebrar o hábito. Também aqui existem alguns problemas particularmente comuns que são explicados abaixo, claro que com possíveis soluções. Especialmente quando se adopta um cão que já é adulto, existe o perigo de já ter internalizado certos comportamentos negativos. Os cães do bem-estar animal podem ter uma história traumática, o que pode levar a problemas de comportamento. Felizmente, não tem de aturar isto porque, como já sabe, os cães adultos também são capazes e dispostos a aprender.

A possibilidade de um cão adulto poder já ter internalizado comportamentos negativos ou ter tido experiências traumáticas não deve dissuadi-lo de considerar a possibilidade de acolher um cão. Por um lado, a maioria dos comportamentos podem ser eficazmente contrariados e, por outro lado, há também algumas vantagens se o seu cão já for um adulto. Os cachorros podem ser muito exigentes e precisam de uma enorme quantidade de atenção e cuidado nos primeiros meses de vida. Para as pessoas que trabalham, isto pode ser muito stressante. Mesmo os cães que foram acolhidos como cachorros podem desenvolver um comportamento problemático se forem cometidos erros na sua educação. Além disso, o carácter de um cão adulto já foi estabelecido, pelo que pode julgar muito melhor quem está a viver consigo. Isto é muito mais difícil de julgar com um cachorro. Se possível, conheça um cão adulto antes de o levar para dentro e descubra a sua história. Infelizmente, isto nem sempre é possível, especialmente com cães vindos do estrangeiro. Neste caso, aproveite a oportunidade para obter informações sobre o cão por telefone e atreva-se a fazer todas as perguntas que lhe vêm à cabeça.

Agressão de trela

O termo agressão com trela refere-se ao comportamento agressivo por parte de um cão com trela em relação a conspecíficos ou pessoas. Em contraste, os cães que mostram agressão com trela são, em muitos casos, pacíficos quando estão ao ar livre, ou seja, não com trela. Esta clara mudança de comportamento está, portanto, directamente relacionada com o facto de o cão estar com trela. A agressão com trela é um fenómeno muito comum que resulta frequentemente das mesmas razões e dos mesmos conceitos errados dos proprietários. Descobrindo agora porque é que este comportamento ocorre, pode agir preventivamente.

Os cachorros quase nunca mostram comportamento agressivo, mesmo quando estão com trela. Durante a caminhada, estão demasiado ocupados com todas as novas impressões. A agressão de trela desenvolve-se em muitos casos durante a puberdade. O jovem cão jovem começa a testar os seus limites e desenvolve a sua própria vontade. A vontade do cão pubescente num passeio é, entre outras coisas, fazer contacto com os seus companheiros cães. Isto está muitas vezes em conflito com os interesses do dono, que agora lentamente acha necessário ensinar o seu cão a andar correctamente com a trela. Assim, não quer que o cão puxe a trela quando procura contacto com conspecíficos. O cão, por outro lado, puxa naturalmente a trela, numa tentativa de chegar ao outro cão. Comandos aprendidos anteriormente, tais como "calcanhar", são frequentemente ignorados. O resultado é que tanto o dono como o cão se sentem frustrados nesta situação. No cão, esta frustração pode manifestar-se sob a forma de comportamento agressivo. Se o dono observar agora que o seu cão mostra um comportamento agressivo na trela, não o deixará ainda mais entrar em contacto com outros cães, o que só aumenta a frustração do cão, e cria-se um círculo vicioso. Com o tempo, este círculo vicioso assegura que o cão associa a visão de um conspecífico com a frustração que sente ao ser contido. O condicionamento tem lugar que faz com que o cão perceba os outros cães como um estímulo negativo enquanto está na trela. A visão de outros cães provoca a libertação de hormonas de stress e o cão torna-se agressivo. Em contraste, o cão permanece relaxado quando está sem trela, porque neste caso tal condicionamento não teve lugar.

Outra razão para a agressão por trela, que também pode ocorrer em combinação com a primeira, é a possibilidade limitada de comunicação sobre a trela. Os cães comunicam usando todo o seu corpo. Assim, quando são mantidos com rédea curta, não conseguem comunicar correctamente. Como resultado, os mal-entendidos e os mal-entendidos são inevitáveis. Isto é muitas vezes exacerbado pelo comportamento dos proprietários. Um cão pacífico, por exemplo, não se aproximaria de um cão companheiro de cabeça erguida. Em vez disso, tenderia a aproximar-se num arco, ou seja, do lado. Os donos, no entanto, conduzem os cães uns para os outros de frente e com rédea curta. Outros sinais calmantes são também impossíveis, tais como virar a cabeça, sentar-se ou mesmo deitar-se. Em vez disso, a abordagem frontal sem sinais de apaziguamento pode então ser entendida como um gesto ameaçador. Com este conhecimento, uma reacção agressiva é apenas lógica e compreensível, pois o cão sente-se ameaçado.

Além disso, podem surgir dificuldades se o seu cão era anteriormente um cão de rua e não tem experiência de andar com trela. Os cães de rua podem perceber a restrição de movimento causada pela trela como um factor de stress para além de outros factores, tais como a possibilidade limitada de comunicação. Portanto, pratique caminhar com trela em locais o mais livres de stress possível e sinta lentamente o seu caminho para a frente juntamente com o seu cão.

Então, o que pode fazer? Em qualquer caso, certifique-se de que o arnês ou a coleira se encaixam bem. A dor ou o desconforto aumentam o stress e são, portanto, o primeiro passo para a agressão por trela. Obtenha conselhos de uma loja especializada e ajuste o arnês ou a coleira exactamente ao seu cão. Não subestime a importância da sua atitude interior no treino de cães. A visão de um cão estranho não deve causar-lhe stress, porque os sentimentos do dono são rapidamente transferidos para o cão. Certifique-se de que está sempre auto-confiante e optimista quando interage com cães estranhos, porque isto também dará ao seu cão uma sensação de segurança. O encontro com os conspecíficos deve desencadear uma associação positiva no seu cão. Além disso, é importante estar sempre atento a que o seu cão tenha espaço suficiente para poder expressar os sinais da sua linguagem corporal.

Comportamento de caça indesejado

O tópico do comportamento de caça indesejável é particularmente relevante quando se trata de cães de caça como o Flat Coated Retriever ou Pequeno cão holandês, porque estes cães têm um instinto de caça particularmente pronunciado. É claro que o comportamento natural de caça não tem necessariamente uma influência negativa na coexistência de cão e humano. A fim de manter o seu cão ocupado, pode, por exemplo, realizar o treino clássico de recuperador. Em tais métodos de treino, o seu cão pode viver livremente o seu instinto de caça e é também mentalmente e fisicamente apoiado e utilizado.

Torna-se problemático quando o cão já não ouve os comandos de recolha quando o seu instinto de caça é activado. Acontece frequentemente que, assim que um cão vê algo que activa o seu instinto de caça, esquece todos os comandos e bom treino e persegue o cão. Alguns cães até tentam perseguir autocarros. Mesmo um passeio relaxado na floresta pode tornar-se um verdadeiro factor de stress para o dono do cão se o seu cão tentar perseguir cada animal selvagem que cheire na floresta. Este comportamento de caça descontrolado não é apenas muito stressante e irritante para o proprietário. O cão também pode colocar-se em perigo real, pois já não está consciente de possíveis perigos e pode, por exemplo, correr em frente de um carro em movimento. Para não mencionar os possíveis problemas que poderá ter com o dono do gato do vizinho que persegue ou com um guarda florestal na floresta se o seu cão não tiver o seu instinto de caça sob controlo. Portanto, se tiver a sensação de que o seu cão perde a sua capacidade de reacção assim que um instinto de caça é activado, ou se o seu cão foge mesmo regularmente, então há definitivamente uma necessidade de acção da sua parte.

Como tantas vezes acontece, é claro que é melhor evitar que o seu cão desenvolva comportamentos indesejáveis logo desde o início. Treine regularmente a chamada do seu cão para que situações perigosas em que o cão se torna independente e já não responde às suas chamadas nunca possam ocorrer em primeiro lugar. O seu cão não deve apenas ouvi-lo depois de ter sido chamado várias vezes, porque então ele não obedecerá se o seu instinto de caça for abordado. Se o seu cão tende por natureza a ter uma mente própria e a decidir por si próprio se e quando deve responder a uma ordem sua, deve trabalhar especialmente para que ele o ouça melhor. Pode fazer isto, por exemplo, deixando claro ao cão que é você quem decide quanto tempo dura um jogo. Interrompa por vezes um jogo, mesmo que o seu amigo de quatro patas queira continuar a jogar. Após alguns minutos, pode continuar o jogo, se quiser. É apenas uma questão de demonstrar a sua capacidade de interromper um jogo. Também pode fazer exercícios como este com o seu cão nas suas caminhadas diárias. Se o seu cão tem secções fixas no passeio diário que lhe é permitido passear com trela, prenda-o de vez em quando também nestas secções. Também ajuda a deixar o seu cão parar em certos pontos de vez em quando e a continuar o passeio só depois do seu sinal. Tais métodos de treino podem evitar problemas decorrentes do instinto de caça do cão. Para cães de caça, os objectos em movimento são basicamente de grande interesse e podem possivelmente desencadear um reflexo para caçar. Por esta razão, os cães de caça devem aprender a controlar os seus impulsos e a lidar adequadamente com os estímulos móveis. Por mais tentador que um estímulo em movimento possa ser para o cão, ele deve permanecer sempre recordável para a sua própria segurança.

Comportamento territorial

Esta secção é sobre cães que mostram o chamado comportamento territorial. Isto significa que sentem a necessidade de guardar um determinado território e, se necessário, de o defender contra intrusos.

Em princípio, o comportamento territorial pode referir-se a qualquer lugar onde o cão esteja ou com o qual tenha uma relação. Um cão pode também comportar-se territorialmente em relação às pessoas. O cão define assim um espaço que entende como o seu território. Os cães querem então proteger este território e tê-lo sob o seu controlo. Originalmente, este comportamento territorial tinha uma função importante para garantir a sobrevivência de um pacote. À semelhança de como nós humanos nos sentimos seguros nas nossas próprias quatro paredes e o vemos como um lugar de retiro, o mesmo se passa com o território dos cães. Além disso, o território foi também utilizado como terreno de caça e, portanto, como uma fonte potencial de alimento. Há, como já foi mencionado, especialmente em cães domesticados, também a deslocar espaços territoriais em torno de certos indivíduos. Muitos cães defendem o espaço à volta do seu cuidador contra intrusos ou são pelo menos cépticos quando estranhos se aproximam do seu cuidador. É claro que o espaço à volta do próprio cão é também um lugar onde ninguém deve intrometer-se sem ser solicitado, e é, portanto, uma forma de espaço territorial. A intrusão indesejada neste espaço pessoal pode levar a um acto de defesa por parte do cão. Estar consciente de que existem estes diferentes tipos de territórios é importante para compreender o comportamento territorial dos cães. Muitas vezes a agressão contra conspecíficos ou estranhos é, em princípio, uma agressão territorial, que é desencadeada por alguém que ignora os limites estabelecidos pelo cão. Como proprietário, deve e pode impedir que este reflexo protector seja desencadeado. Ao conhecer cães e pessoas estranhas, certifique-se sempre de dar ao seu cão a oportunidade de manter o seu espaço pessoal. Não forçar os cães que ainda não se conhecem a encontrar-se de perto. Se um estranho quiser tocar no seu cão, deve ser dada ao cão a opção de evitar ser tocado. Afinal de contas, não gostaria que o seu espaço pessoal fosse ignorado, porque haveria de ser diferente com o cão?

É um pouco mais complicado se o cão tiver definido um lugar, na maioria dos casos o lar, como o seu território em vez de uma pessoa. Na prática, isto significa que, mais cedo ou mais tarde, este lugar será introduzido por um estranho, mesmo que seja apenas o carteiro a querer trazer-lhe uma carta. Não quer certamente que o cão considere todas as pessoas que o visitam em casa ou lhe trazem algo como um atacante e possivelmente ataca-as. Por mais compreensível que seja para si permitir ao seu cão decidir por si próprio sobre o seu espaço pessoal, ou seja, se quer brincar ou não com um cão estranho, por exemplo, é também importante que o cão aceite que a guarda da sua casa não se enquadre na sua área de responsabilidade. Uma excepção é, evidentemente, se quiser treinar o cão especificamente como cão de guarda.

O seguinte aplica-se aos cães da família. É útil colocar-se no lugar do cão. Do seu ponto de vista, nós, humanos, temos pouco controlo sobre o nosso território. Permitimos regularmente que estranhos atravessem os limites do território. Um exemplo bem conhecido é o carteiro que repetidamente atravessa os limites e nunca é apontado para este suposto mau comportamento. Em vez disso, afasta-se com impunidade, apenas para o fazer novamente no dia seguinte. Este cruzamento repetido de fronteiras provoca uma e outra vez cães territoriais, o que também leva à frequente antipatia dos carteiros. O cão não compreende porque é que o seu território não é respeitado, e uma vez que parece não querer ou não poder fazer nada, o cão assume que tem de o fazer. Este mal-entendido conduz à agressão territorial contra intrusos, porque ninguém mais está a vigiar o território. Assim, a sua tarefa é transmitir ao cão que não lhe compete vigiar o território, mas que só você o está a fazer. Tais mal-entendidos ocorrem frequentemente quando o cão é autorizado a "cumprimentar" estranhos primeiro. O que aos nossos olhos é muitas vezes até uma saudação alegre do cão aos visitantes é, do ponto de vista do cão, uma espécie de controlo de admissão. Por mais giro que pareça, o que o cão está realmente a fazer quando corre para um visitante e o fareja é decidir se permite ou não que o visitante atravesse a fronteira. Por outras palavras, está a transmitir ao cão que ele é responsável por esta decisão se lhe for permitido saudar primeiro os visitantes. Consequentemente, este privilégio deve ser seu como pessoa responsável. Faça o seu cão esperar num lugar fixo dentro de casa até que tenha recebido o visitante e o tenha convidado a entrar. O seu cão deve então aceitar esta decisão. Se houver uma boa base de confiança entre si e o seu cão, ele não tem razões para se comportar agressivamente. Pode ser útil fornecer ao cão uma distracção excitante para que ele possa abdicar mais facilmente do controlo.

Deve demonstrar a sua capacidade de assumir responsabilidades em todas as situações. Se estiver num novo local com o seu cão, passeie pelo local de forma demonstrativa mas breve. Isto mostra ao cão que também aqui tem o controlo da situação e tem assegurado a segurança conjunta.

Inveja alimentar

A inveja alimentar é uma forma de medo da perda e da necessidade de assegurar recursos que são importantes para a sobrevivência do cão. Um risco particularmente elevado que pode reforçar a ocorrência de inveja alimentar é manter mais do que um cão. Cada cão deve ter sempre a sua própria tigela de água e a sua própria tigela de comida. Se vários cães tiverem de partilhar uma tigela, são forçados a competir pela comida disponível. Inevitavelmente, os mais fortes irão receber mais do que os mais fracos. Além disso, nenhum dos cães será capaz de comer em paz, o que na verdade deveria ser garantido. Coloque cada tigela a partir da qual o cão come num local sem perturbações, onde o cão possa comer a sua comida sem stress.

Os cães do bem-estar animal são particularmente propensos à inveja alimentar, uma vez que muitas vezes tiveram de passar fome e falta de alimentos. Como resultado, eles têm uma necessidade particularmente forte de garantir a sua alimentação.

Assim, as razões que os cães têm para querer garantir a sua comida são bastante compreensíveis. No entanto, é claro que não está bem que um cão se torne agressivo assim que alguém se aproxima da sua tigela ou mastiga osso. De forma alguma está a forçar o cão a permitir o acesso à sua comida através do medo ou da apresentação de uma solução para este problema. Em vez disso, o cão deve saber sempre que o seu abastecimento alimentar é seguro. Ele precisa de saber que não tem de recear ficar sem recursos essenciais para a sobrevivência. Ajude o seu amigo de quatro patas a compreender isto, deixando-o sozinho durante a alimentação. Outros animais de estimação, ruídos perturbadores ou crianças pequenas não devem perturbar o cão enquanto este se alimenta. As refeições regulares também podem ajudar o cão, especialmente se ele tiver uma história difícil de nunca saber quando vai ter a sua próxima refeição. A tigela também deve estar sempre no mesmo lugar. Outro truque que pode utilizar é o seguinte: Quando alimenta o cão, primeiro encha a tigela apenas a meio caminho. Depois, durante a alimentação, continuar a encher de novo a tigela. Isto cria uma associação positiva para o cão de que alguém se está a aproximar da sua tigela. Para ele já não significa que alguém lhe queira tirar algo, mas pelo contrário que alguém lhe está a dar algo.

As tigelas de cerâmica pesada não têm sabor e não libertam toxinas se o esmalte for seguro para os alimentos. O aço inoxidável é demasiado leve e pode libertar sabores e mesmo metais pesados, dependendo da composição. O plástico geralmente liberta amaciadores e é difícil de limpar.

As nossas tigelas são de cerâmica extra. ☺

COLARINHO OU ARNÊS DE PEITO?

Este capítulo trata da questão frequentemente colocada, se prefere usar um colarinho ou um arnês de peito. Ambas as ajudas são comparadas uma com a outra de um ponto de vista neutro. Por favor, também examine este tópico um pouco antes de decidir a favor de um ou de outro, porque uma boa manipulação do cão enquanto caminha é muito importante. Não é apenas relevante para a segurança de outros cães e andadores que encontra no caminho, mas também para a segurança do seu cão. Os cães simplesmente não compreendem as regras complicadas que se aplicam no nosso tráfego rodoviário. Por esta razão, o seu companheiro animal está muito dependente de ser conduzido com segurança por si, e isto inclui também ser conduzido com trela, especialmente dentro das cidades e em estradas movimentadas.

Comecemos então com a ferramenta clássica do treino de cães, a coleira. A crítica mais comum às coleiras é que elas podem ser muito desconfortáveis para o cão usar. Contudo, com um colarinho de boa qualidade e um tamanho apropriado, uma sensação de desgaste tão desconfortável pode, de facto, ser evitada em qualquer caso. No entanto, se o seu cão tiver uma forte tendência para puxar a trela, mesmo uma coleira perfeitamente ajustada não ajudará. No caso do cão que puxa cronicamente, a pressão permanente sobre a laringe e a traqueia pode levar a problemas de saúde. Independentemente de pretender utilizar ou não uma coleira, deve praticar a trela andando intensivamente com o seu cão, porque nunca é bom quando um cão puxa a trela o tempo todo, nem mesmo para o dono.

Para escolher um colarinho bem ajustado, não é necessário prestar demasiada atenção. O colarinho não deve ser demasiado fino, porque então irá contrair-se e causar dor. Uma regra geral é que a coleira deve ser pelo menos tão larga como o nariz do cão que a usa. Também deve ser capaz de deslizar dois dedos por baixo do colarinho quando este estiver ligado, para garantir que não está demasiado apertado. Contudo, também não deve ser demasiado largo, caso contrário existe o risco de o cão puxar a cabeça para fora da coleira e se libertar da trela. Ao comprar uma coleira de cão, consultar sempre o pessoal especializado. É melhor levar o cão consigo para a loja e ter a coleira colocada directamente. Se o cão não vier consigo por qualquer razão, não deixe de informar o vendedor sobre a raça e idade do cão. Os materiais adequados para coleiras de cão são couro, tecido ou um forro de neoprene. Uma coleira de elo de cadeia não é uma opção e definitivamente uma crueldade animal. Usar um irá sempre causar ao seu cão dores de constrição e pêlo preso. Os vendedores que o aconselham a usar tal colarinho são pouco sérios.

Lá se vai o colarinho, agora o arnês de peito. Com um arnês, a pressão é melhor distribuída, razão pela qual usar um arnês bem ajustado é normalmente mais confortável para o cão do que usar uma coleira. Para um bom ajuste, certifique-se de que as correias não escorregam por baixo das axilas do cão. Caso contrário, o arnês pode irritar quando o cão está a passear. A carga principal está no arnês no meio do peito, pelo que esta área deve ter acolchoamento extra. Este acolchoamento evita uma pressão desconfortável sobre o peito do cão. A liberdade de movimento dos ombros do cão também deve ser garantida e não deve ser prejudicada por correias.

Agora já sabe aproximadamente o que procurar ao comprar coleiras e arneses de peito. No final, a escolha não deve depender da estética da respectiva ajuda, mas sim das necessidades e do comportamento do seu cão. Faz sentido comprar ambos e habituar o seu cão a ambos. Com o tempo, notará com o que ele se sente mais confortável.

ESCOLHENDO A TRELA CERTA

Tal como com a questão de saber se deve usar uma coleira ou um arnês, a decisão sobre uma trela adequada, em última análise, é sua. Neste capítulo irá aprender que tipos de trelas existem e o que as distingue. Não há mal nenhum em experimentar várias trelas diferentes e só depois decidir qual a trela certa para si. Ao comprar um arnês, certifique-se de que as omoplatas se podem mover livremente e de que nada irrita as axilas. A área do peito deve ser amplamente almofadada. Compre o arreio imediatamente após o cachorro ter mudado de lugar se não tiver a oportunidade de verificar previamente o encaixe da peça.

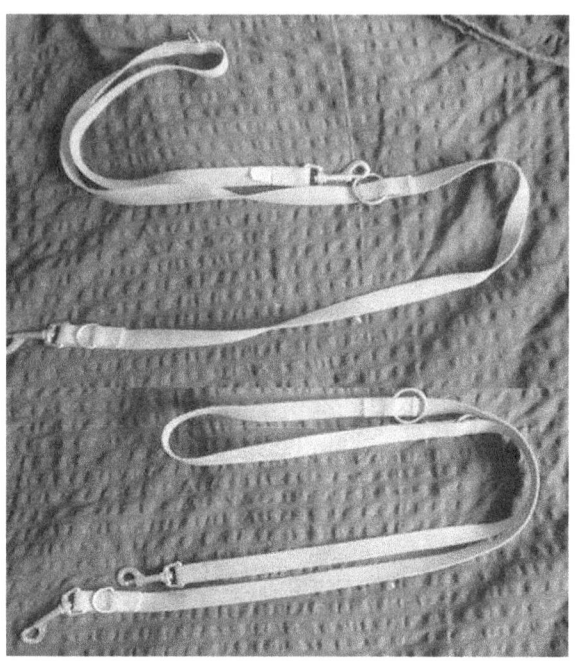
A nossa trela, ®

A "trela diária", também chamada de trela líder, é a forma clássica de trela canina. Tem cerca de 1 a 2 metros de comprimento e está normalmente preso a um colarinho ou arnês. Estas trelas podem ser feitas de couro ou plástico e têm espessuras diferentes. Tal trela deve estar na posse de todos os donos de cães, porque é a melhor forma de praticar a habilidade de manejar a trela do cão. A trela diária dá-lhe um bom controlo sobre o cão. Quanto maior for o cão, mais grossa e mais pesada pode ser a trela. Uma trela pesada irá interferir com a marcha de um cão pequeno, por isso compre apenas uma trela fina para um cão pequeno. Encontrará normalmente informações sobre o peso do cão nas trelas disponíveis nas lojas.

A "linha flexi" é uma linha muito fina que é enrolada numa bobina numa caixa com uma pega. Quando totalmente desenrolado, pode ter um comprimento de até 10 metros. Há um botão na caixa com o qual se pode parar o desenrolamento e também deixar a linha rolar de volta para dentro da caixa. O resultado é que a trela flexi está sempre sob tensão. Não é sem razão que este tipo de trela é criticado por este motivo. O cão aprende que tem de puxar a trela, pois caso contrário a trela não continuará a desenrolar-se. Além disso, esta trela é completamente inadequada para cães maiores, que têm uma força de tracção correspondentemente maior. O mecanismo de bloqueio só pode contrariar uma pequena força. Assim, com um cão grande, há sempre o risco de que o mecanismo falhe, colocando o cão ou o seu ambiente numa situação perigosa. Além disso, como dono, quase não tem qualquer controlo sobre o cão.

A "trela recuperadora" é um tipo especial de trela que não requer uma coleira ou arnês. Com a trela recuperadora, o colarinho é incorporado na trela, por assim dizer. Em cada extremidade da trela existe um laço, normalmente ajustável em tamanho, um para segurar o cão no lugar e um na outra extremidade para substituir a coleira. O laço do colarinho é puxado frouxamente sobre a cabeça e, por conseguinte, encaixa de forma muito menos segura do que um colarinho real. Assim, é claro, as vantagens da coleira, tais como o facto de o cão não se poder libertar facilmente da mesma, perdem-se. No entanto, uma trela recuperadora é uma grande escolha se o seu cão andar muito bem e não for propenso a reacções de pânico. Um Pequeno cão holandês deve também ter o provável instinto de caça bem sob controlo. Se não for este o caso, deverá antes escolher uma coleira com uma trela diária.

A "linha de arrasto" é utilizada para o treino ao ar livre do cão. É menos adequado para uso durante uma caminhada normal. Uma linha de arrasto é muito longa para dar ao cão o maior espaço possível para se mover sem poder escapar incontrolavelmente. Isto permite-lhe fazer exercício e brincar com o seu cão no exterior sem pôr em perigo o cão ou outros. Também com a linha de arrasto, quanto maior for o cão, mais espesso deve ser. Também pode escolher uma linha de reboque com ou sem um laço de mão, dependendo se quer segurar muito a trela na mão durante o treino ou se prefere evitar que o cão fuja, colocando um pé na extremidade da trela. A vantagem de uma trela sem pestana é que não pode ser apanhada de forma inesperada.

A "trela da casa" tem basicamente a mesma função que a trela de arrasto, excepto que é usada dentro da casa. Pode utilizá-lo para fazer exercícios dentro de casa e, por exemplo, levar o cão ao seu lugar quando é suposto esperar lá. Isto é útil, por exemplo, quando se está a praticar a saudação de visitantes. Quando um cão vive num lar, nunca deve ser o primeiro a cumprimentar os visitantes em casa. Em vez disso, deve aprender a esperar num determinado lugar até o visitante ter sido recebido e deixado entrar por outro membro do agregado familiar. Só então é permitido ao cão cumprimentar o visitante. A trela doméstica é também muito prática no treino de cachorros, pois pode usar a trela doméstica para sair muito rapidamente e assim promover o treino do cão para o alojamento.

A chamada "trela jogging" é uma ajuda prática para os entusiastas do desporto. Basta amarrá-lo à cintura, prender o cão com o mosquetão e as suas mãos ficam livres para correr. O amortecedor incorporado proporciona conforto adicional tanto para o cão como para o dono. Para usar uma trela de corrida, o cão já deve ser capaz de andar muito bem com trela e ser entusiasta de tais actividades.

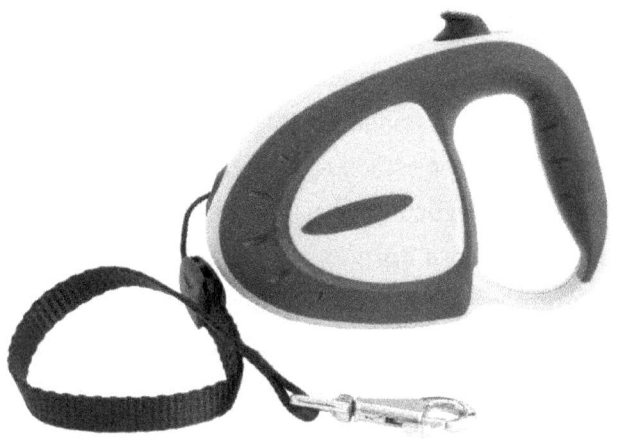

Tais linhas automáticas não fazem tão bem

Uma trela sólida é melhor.

Acostumar-se e sair do hábito

Um cachorro tem de conhecer muito nas suas primeiras semanas de vida. Uma coisa tem de ser habituada, outra tem de ser quebrada. Leia agora como pode quebrar o hábito de urinar no apartamento ao seu amiguinho ou como pode ensinar-lhe que o medo não desempenha um papel quando conduz um carro.

Formado em casa

Logo após o seu cachorro ter mudado de casa, notará que ele tem de urinar com muita frequência. No início, isto pode acontecer até doze vezes por dia. Só por esta razão, deve estar sempre presente, pois caso contrário o negócio não acabará em frente da porta, mas no seu andar. Deve agora aprender a reconhecer os sinais que o seu cãozinho emite para ir lá fora com ele a tempo de se aliviar.

Apesar dos sinais do seu cão, deve deixar que se desenvolva uma rotina. Portanto, comece a treinar o seu alojamento, levando-o para fora para fazer o seu negócio logo que acorde. Deve também levá-lo para fora depois de comer ou beber. Fora destes tempos, deve dar-lhe muitas outras oportunidades para se aliviar. É melhor levar o seu cão para fora de duas em duas horas.

Tal como com um gato em casa, o pequeno amigo de quatro patas também deve ter um lugar fixo no jardim onde se possa aliviar. Aprenderá rapidamente se continuar a levá-lo para lá, que é o seu trabalho aqui.

Uma vez que o seu pequeno bebé tenha feito o seu negócio, elogie-o profusamente, mesmo com guloseimas. No entanto, não castigue o seu amigo de quatro patas se houver um percalço. Isto está destinado a acontecer. Limpe-o e leve-o lá para fora para a sua "casa de banho".

Pode demorar até seis meses até o cachorrinho estar completamente treinado em casa. Alguns aprendem mais depressa, outros mais devagar. Pode ajudar muito se conseguir interpretar os sinais do seu cachorro.

Se o cãozinho de repente olhar ansiosamente em volta e correr em círculos, pode ser um sinal de que "tem de ir". Levá-lo imediatamente para fora para o seu "canto do chichi". Se ele sair, elogie-o. Pode ser que demore um pouco mais, porque ele se distrai com os estímulos externos. Ser paciente e permanecer no exterior até que o "negócio" esteja terminado.

Para o cão pequeno, pode ser útil separar um pouco o "canto da casa de banho" do resto do jardim, para que ele possa ver imediatamente para onde ir quando precisar de se soltar.

Desenhar este canto do jardim de forma diferente, por exemplo, espalhando a casca das árvores. Isto irá dar ao seu cão uma característica visual e também um cheiro diferente. Limpe a área várias vezes ao dia para que o seu cão não procure outro canto no jardim.

Deve sempre trazer o seu cão para este "canto de urina" quando ele precisar de urinar. Ele habituar-se-á rapidamente e irá também para esta área por sua conta quando se tornar urgente.

Dicas para treino de habitação
1. Limpar alguma da urina do cão com um dos pensos.
2. Colocar o bloco num local que o cachorro possa alcançar rapidamente depois de se levantar ou comer.
3. Colocar o cachorro sobre ele quando notar que está à procura de um lugar para soltar, a menos que ele vá sozinho para a almofada.
4. Elogie-o quando ele faz o seu trabalho sobre o assunto.
5. Se precisar de substituir o subpavimento, pressione o novo subpavimento para um ponto molhado no antigo.
6. Deslocar gradualmente o bloco em direcção à porta. O seu cachorro continuará a utilizá-lo.
7. Quando o seu cachorro conseguir chegar facilmente ao tapete à porta, coloque-o à sua frente.
8. Ele irá agora propositadamente para a porta quando precisar de levar um riacho ou um cocó.

Medo durante as viagens de carro

Como cachorro, o seu novo amigo irá provavelmente andar no carro pela primeira vez quando o trouxer do criador para casa. Se tudo já correu bem aqui, é pouco provável que venha a ter problemas no futuro. No entanto, deverá habituar o seu cão ao carro, porque mais cedo ou mais tarde ele terá de voltar a entrar.

Primeiro deixe o seu cachorro farejar o carro extensivamente do exterior. Se ele não mostrar medo, pode abrir as portas. Talvez o seu amigo de quatro patas entre por conta própria e explore o carro a partir do interior.

Agora, para além disso, ligue o motor, porque isto seria agora uma fonte potencial de medo para o seu cachorro. Fica barulhento e o carro de repente faz ruídos assustadores.

Se ele agora reage com receio, isto é completamente normal. Repita o funcionamento do motor uma e outra vez até o seu cão se habituar ao barulho e perceber que não há perigo de o carro "rugir".

Uma vez que o cão se tenha habituado, pode tentar a primeira boleia. No entanto, leve sempre consigo um companheiro de confiança no início para que o seu cão possa ganhar confiança desde o início e possa concentrar-se no trânsito rodoviário.

Mantenha-se sempre calmo e descontraído, desta forma também transmite ao seu cão que ele pode confiar em si.

Jogo Rough Play

Especialmente na fase de cachorrinho, acontece frequentemente que o pequenote ultrapassa a marca e se torna excessivamente selvagem quando brinca. É preciso pôr fim a isto numa fase inicial, caso contrário não será diferente quando ele for adulto.

Se agora se sentir "assediado" pelo seu cão porque ele está demasiado excitado enquanto brinca e já não repara no que está a fazer, basta parar de brincar com ele sem comentários. Deixar cair o brinquedo e ir-se embora ignorantemente. Desta forma, evita-se uma escalada, por exemplo, ao ser mordido acidentalmente, mas também que o seu cão seja recompensado involuntariamente pelo seu comportamento rude.

Se acontecer com mais frequência que o seu cão "descarrile", considere o tipo de jogos que joga com ele. Escolher jogos mais calmos que o desafiam mas não o excitam.

Se ainda quiser jogar jogos tão emocionantes, faça-o em intervalos curtos e pare imediatamente se notar que o seu cão está "a ficar excitado". Só quando se tiver acalmado novamente, continuar a jogar.

Destrutividade

Provavelmente, mas esperemos que não, entrará no seu apartamento em algum momento e pensará que uma manada de elefantes já passou por aqui. O que aconteceu? O seu cão foi para um campo de treino de granadas e deixou uma granada de mão. O conteúdo do caixote do lixo está espalhado pela cozinha, a sanita está tão cheia de papel higiénico que não se consegue encontrá-lo e o sofá... bem, foi em tempos...

O que fazer? Antes de mais, respire fundo e leve o cão a apanhar ar fresco, para que ambos possam arrefecer. Depois disso, irá provavelmente limpar-se e pensar na razão pela qual tudo isto aconteceu.

No futuro, pode naturalmente certificar-se de que a porta da casa de banho permanece fechada e que o caixote do lixo está fora do alcance do seu cão. No entanto, haverá uma causa por detrás desta destrutividade, porque o seu cão não o fez porque gosta de partir objectos.

O seu amigo de quatro patas mostra este comportamento quando está fora de casa? Depois tem medo de estar sozinho. Pratique com ele para que saiba que não está em perigo quando está sozinho em casa.

Mas talvez não passe tempo suficiente com ele. Se o seu cão estiver aborrecido, os seus objectos podem sofrer. Ocupa-te mais com ele e mantém-no ocupado para que ele esteja cansado e feliz. Jogue com ele jogos desafiantes e encorajadores e faça variar o tempo que tem com o seu amigo de quatro patas.

O stress também pode ser uma causa para os ataques de destruição do seu amigo de quatro patas. Tente descobrir o que o sublinha, para que possa evitar esta circunstância.

Se estiver completamente perdido e não tiver absolutamente nenhuma explicação para o comportamento do seu cão, procure a ajuda de um veterinário. Um psicólogo de cães também pode ajudar, e uma visita a uma boa escola de cães também tem ajudado muito na análise do comportamento do seu cão.

Inquietude

Se notar inquietação no seu cão, pode também ter uma causa muito banal no início.

É possível que o seu amigo de quatro patas precise urgentemente de se desentupidificar.

Mas também pode ser que ele sinta dor. Se suspeitar disto, é claro que deve ir imediatamente ao veterinário e ter a causa esclarecida.

Se você mesmo estiver muito nervoso e inquieto porque algo o está a incomodar, poderá também transferir estes sentimentos para o seu cão. Os cães são muito delicados e sensíveis e se não se sentir bem, o seu amigo de quatro patas sofre consigo.

Há alguma mudança no seu ambiente social? Talvez esteja a mudar de casa ou haja um novo parceiro ao seu lado que o seu cão ainda não saiba realmente. Estas circunstâncias também podem ser a causa de inquietação.

Outra causa para a inquietação do seu cão pode também ser a falta de exercício e o tédio puro.

Em qualquer caso, tente encontrar a causa e detê-la para que o seu animal de estimação possa acalmar-se novamente.

Puxar a trela

Este mau hábito também se baseia em erros na educação do cachorro. Talvez também tenha usado uma trela flexível (trela automática) porque pensou que daria mais liberdade de movimento ao cão. Agora só o treino direccionado com uma trela ajustável com cerca de dois metros de comprimento ajudará.

É completamente inútil trabalhar com contra-puxar ou mesmo usar um sacudidela afiada na trela. Isto tende a encorajar o seu cão a puxar ainda mais forte. No início, basta tentar ficar parado. Chame o cão até si. Agora deixem-no andar de calcanhar durante alguns minutos. Se responder consistentemente desta forma cada vez que o cão puxa, ele provavelmente deixará o cão ir. Ele aprende que puxar é um exercício disciplinar e não o beneficia.

Se isto não ajudar, o método mostrado abaixo ajudará. Permite-lhe aparecer surpreendentemente na frente do cão. Desta forma, tem contacto visual e pode facilmente influenciá-lo. Isto é importante se tiver de intervir quando dois cães se encontram.

Praticar os movimentos sem o cão no início, porque devem correr suavemente e sem puxar a trela. Prender a trela a um objecto e mantê-la esticada no laço.

Dê um passo em direcção à linha, virando-se para ela pela metade e agarrando-a com a sua mão livre. A tensão deve permanecer inalterada. Agora segure a trela em frente do seu corpo com ambas as mãos.

Continue a virar nessa direcção enquanto envolve a linha à volta do seu corpo. Desta forma, aproxima-se do ponto de fixação sem alterar a tensão da trela. Isto é muito importante porque mais tarde a trela está presa ao cão. O cão não deve reparar que se está a aproximar.

O nosso pequeno truque de linho, ®

Com a próxima meia volta, fica em frente do ponto fixo da trela. Assim que tiver dominado os movimentos, execute-os quando o cão puxar novamente. Ele já está habituado a que pare. Mas desta vez não o chama, mas aparece de repente à sua frente. Envolva a trela do seu corpo e continue a andar como se nada tivesse acontecido.

Comandos - Sit, Down & Co.

Os primeiros comandos que o seu amiguinho precisa de aprender são "sentar", "descer", "ficar", "vir" e "sair". Mas por favor não os faça todos de uma só vez, isso irá correr mal. Comece com um comando e só quando este for dominado, pratique o segundo.

Escolher o momento certo para praticar. Se o seu bebé estiver cansado ou apático, não vale a pena. Praticar várias vezes ao dia, mas apenas por um curto período de tempo. Caso contrário, irá sobrecarregar o cãozinho. Habitue-se a um tom de voz calmo e nunca castigue o seu cão.

Trabalhe com recompensas quando há uma execução correcta do seu comando. Isto continua a ser formativo e o seu cão aprende. Ignore-o se não agiu correctamente e repita o exercício sem comentários. Não tem muito tempo para recompensar ou ignorar. Deve fazer isto imediatamente após a acção do seu cão. Portanto, dê o tratamento imediatamente quando o comando tiver sido executado e interrompa o jogo, por exemplo, se o seu amigo de quatro patas ficar demasiado selvagem ou até morder.

Pare sempre quando o seu exercício for coroado de sucesso. Isto torna a aprendizagem muito mais divertida e o que foi aprendido será recordado.

Nunca use o nome do seu cachorro como um comando. Muitos donos de cães fazem isto mal. Muitas vezes o nome é usado para dizer ao cão: "Vem ter comigo". No entanto, quando chama o seu cão pelo seu nome, é para chamar a sua atenção. Quando chama o nome, o seu cachorro olha para si e agora pode dizer o comando que deseja. Na melhor das hipóteses, o seu cão também o executará, claro, se já o tiver aprendido.

A experiência tem demonstrado que não é fácil ensinar o seu cachorro a sentar-se quando se dá o comando. Leve muito tempo e acima de tudo paciência quando quiser ensinar algo ao seu cachorro. Seja também muito consistente, porque não ajuda o seu cão se fizer uma coisa num momento e outra no momento seguinte.

Para o comando "Sit", proceder como se segue: Primeiro, atraia o seu cachorro para si, de preferência com uma guloseima se ele ainda não reagir adequadamente ao seu nome. Segure-o um pouco mais alto para que ele olhe para si. Agora dê o comando "Sentar". Para que o seu cachorro possa ficar de olho na guloseima, ele provavelmente mudar-se-á para uma posição sentada. Agora elogie-o profusamente e dê-lhe o prazer. Se ele quiser saltar para cima de si, diga "Não" e repita o exercício.

Ensina-lhe o comando "Não" "pelo caminho", porque há sempre, especialmente no início, situações que são indesejáveis. Se apanhar o seu cachorro em tal situação, diga "Não" num tom de voz mais agudo para parar o comportamento. A sua postura nesse momento é também muito crucial. Agora distraia o seu cachorro da sua intenção original e também recompense-o imediatamente quando a distracção tiver sido bem sucedida. Desta forma, o pequeno amigo de quatro patas aprende que "não" significa o fim.

O comando "Venha" é também muito importante, afinal de contas, deve ser capaz de cancelar facilmente o seu cão em qualquer situação. Quando o seu cão olha para si, ajoelhe-se e atraia-o para si. Use o comando "Come" para o fazer. Elogie e recompense o seu amigo quando ele vier realmente ter consigo. Desta forma, se o seu cão obedecer ao comando, ele saberá em breve que pode esperar algo saboroso de si. Mas se, em vez disso, fugir, não corra atrás dele. É mais provável que isto se transforme num divertido jogo de perseguição para o seu cachorro e conseguirá exactamente o oposto.

Para o comando "Sentar", tome um mimo na sua mão fechada. Perto do chão, mova-o para a frente e para trás em frente ao nariz do seu cão e dê o comando "Sente-se". Se o seu cão se deitar porque quer a guloseima, elogie-o e dê-lhe a guloseima.

É importante com todos os exercícios que se treina em pequenos passos. Leve o seu tempo, tenha calma e seja consistente. Também pode ser útil utilizar sinais manuais apropriados, para além de comandos verbais. Então o seu projecto será certamente bem sucedido.

Como praticar "Sentar

Mostre ao seu cão uma guloseima enquanto está de pé à sua frente. Segure-o acima da cabeça para que ele tenha de o levantar com força para o observar. A maioria dos cães senta-se para conforto porque é mais fácil manter um olho na guloseima enquanto se senta. Também pode pressionar suavemente na extremidade traseira se o seu Pequeno cão holandês não se sentar.

Certifique-se de que o seu cão não tem de se sentar numa poça ou num vidro partido. Ele confia em si. Se o comando for desconfortável para ele, ele irá geralmente procurar onde se sentar no futuro.

Só recompensa o cão quando se senta, ou seja, a sua extremidade traseira toca no chão. Assim que o seu cão tiver compreendido o comando, pratique "Sente-se" com ele quando ele estiver ao seu lado. Mais tarde também o deve fazer quando se dá o comando à distância.

Sinal visual "Sentar

É assim que o cachorro aprende o comando "Sit!

- Os cachorros jovens que ainda não tiveram qualquer experiência com exercícios de aprendizagem compreendem os comandos "Sentar" e "Abaixar" muito rapidamente.
- Para "Sentar", tomar uma guloseima entre o polegar e o dedo médio.
- Mover a mão com a guloseima para cima para além do seu nariz.
- Assim que as nádegas se moverem em direcção ao chão, dê o comando "Sente-se!

- Se o cachorro se sentar mas depois tentar ficar de pé nas patas traseiras, o comportamento deve ser parado com um "Não" afiado.
- Quando o cachorro tiver sentado, a recompensa é dada imediatamente.
- Esperar mais tempo de cada vez antes de dar um mimo.
- Após algumas sessões de treino, diga o comando "Sente-se" sem um mimo, pois o cachorro só deve responder ao sinal da mão.

Lugar

Com este comando, retira o Pequeno cão holandês ainda mais enfaticamente, porque ele precisa de mais tempo até estar de pé da posição que tem de tomar quando está sentado. Correctamente executado, ele deita-se de barriga para baixo com as pernas da frente esticadas.

Nota: Não sobrestimar o tempo de atraso. Quando o seu cão quer, ele está de pé e a correr num instante. Está a construir uma barreira mental, não uma barreira física. O seu cão deve desobedecer activamente ao seu comando antes de correr. Isto impede-o frequentemente de fugir de forma incontrolável. Se reagir rapidamente, pode normalmente detê-lo com um comando antes que lhe aconteça algum dano ou que algo lhe aconteça.

Pode começar a treinar o comando logo que o cão tenha dominado o comando "Sit". Tem de aceitar que não está autorizado a levantar-se, pelo que a sua extremidade traseira deve permanecer no chão.

Pegue numa guloseima na mão e traga-a para perto do chão em frente ao seu Pequeno cão holandês. Segure-o na mão. O seu cão deve ser capaz de o cheirar. Ao repetir o comando "Sentar", proibi-lo de se levantar para receber o tratamento.

Deve, portanto, deitar-se no chão com as pernas da frente esticadas para alcançar o prazer sem se levantar. Diga "Down" assim que ele se deite e recompense o cão.

Quando tiver dominado "Sentar" e "Abaixar", combine o exercício com "Ficar". Com este último, proíbe o seu cão de o seguir. Contudo, ele pode decidir por si próprio se se levanta, senta ou deita-se. Com a combinação de comandos também se determina a postura em que ele tem de ficar.

Aumentar a dificuldade saltando à frente do cão, atirando uma bola ou andando à sua volta. Mas não exagere. Se o seu cão se quiser levantar, reenvie-o para "Sentar", mas cancele o comando após alguns segundos.

É assim que o cachorro aprende o comando "Sit!

- Uma vez que o cão tenha assentado no seu lugar ou cobertor, pode acariciá-lo enquanto diz "Sente-se" vezes sem conta. Desta forma, associa a palavra "sentar" a uma experiência positiva.
- Assim que repara que o cachorro está cansado, atrai-o para o seu cesto, por exemplo, com uma guloseima. Se ele se deitar no cesto, repete a palavra "Sentar".
- Depois de repetir este exercício durante algum tempo, o passo seguinte é tentar enviar o cachorro para o seu cobertor ou cesto apenas dizendo a palavra "sentar". Se isto acontecer sem mais problemas, então um grande elogio é devido.

Sinal visual "Lugar"

Recolha

Recuperar também envolve a entrega da sua "presa" pelo cão. Esta parte do exercício faz sentido. Afinal de contas, nem sempre é necessário reagir com uma proibição severa "fora" quando o seu Pequeno cão holandês detém algo na sua captura que lhe queira tirar. Tente uma troca.

Ofereça um mimo ao cão e diga "pousa-o". O seu cão é livre de decidir se aceita ou não a guloseima. Se ele quiser tomá-lo, terá de pousar o que tem na boca. Dar ao cão a guloseima e alcançar imediatamente o objecto de troca. Sob nenhuma circunstância o seu cão deve ter ambos.

Sinal visual "Desligado

A saúde do Pequeno cão holandês

Pequeno cão holandêss são susceptíveis a algumas doenças específicas: Mielopatia necrotizante, doença de Von Willebrand, doenças oculares, epilepsia e luxação patelar. Antes de discutir algumas doenças e enfermidades típicas que podem afectar qualquer raça de cão, estas doenças específicas serão discutidas primeiro.

QUE PROBLEMAS DE SAÚDE PODEM OCORRER ESPECIFICAMENTE NO CÃO KOOIKER?

A mielopatia necrotizante é uma doença específica que só pode ocorrer no cão Kooiker. O termo genérico é "mielopatias degenerativas". Estas mielopatias degenerativas podem ocorrer em várias raças de cães, embora pareçam ser específicas da raça. Alguns exemplos são a leucodistrofia da Dalmácia, a mielopatia de Terrier ataxia, a degeneração progressiva de Ibiza e a axonopatia de Labrador.

A mielopatia necrotizante do Pequeno cão holandêss ocorre no primeiro terço da vida. Durante os primeiros três meses, a substância da medula óssea branca pode degenerar. A maior parte deste fenómeno ocorre na medula cervical. Embora isto se manifeste em reflexos aumentados, leva rapidamente a sinais progressivos de paralisia. Os danos graves na medula espinal são geralmente uma doença hereditária que provoca a deterioração do sistema nervoso central. Começando pela medula óssea, a mielopatia necrotizante espalha-se para as fibras nervosas.

Os primeiros sintomas aparecem quando o cachorro começa a coxear nas patas traseiras nos primeiros três meses. O cão já não pode andar correctamente e pode deixar de pisar com as patas traseiras, mas arrastar as patas atrás dele e ficar de pé na parte de trás das patas ou nos tornozelos. Se isto for notado, é necessário um diagnóstico imediato. Uma vez que a mielopatia necrotizante é geralmente uma doença hereditária, é necessário um exame de sangue para fazer um diagnóstico. Ao mesmo tempo, é realizado um teste VWD no sangue doente, que pode ser usado para diagnosticar a doença de Von Willebrand, que é igualmente comum na Pequeno cão holandês.

A doença em si progride drasticamente, sem tratamento eficaz. A mielopatia necrotizante leva sempre à morte do animal. Os veterinários aconselham que o cão seja abatido cedo após um diagnóstico bem sucedido, uma vez que a doença causa grandes danos, o que é doloroso.

A prevenção também não é possível. Por ser uma doença hereditária, o gene da doença já está presente no cachorro antes do nascimento. No entanto, pode haver prevenção na reprodução. A doença só se manifesta se ambos os pais forem portadores do gene. Dentro de uma criação, um cão pode, portanto, ser acasalado com uma cadela ou um cão que esteja livre deste gene. A doença ainda está presente como um gene no material genético, mas não há uma progressão severa.

De todas as raças, e a única, a Pequeno cão holandês é susceptível a esta doença, não se pode dizer. A mielopatia necrotizante hereditária é desconhecida em outras raças de cães.

A mesma amostra de sangue que é utilizada para detectar mielopatia necrosante é também utilizada para realizar um teste VWD, que pode detectar a doença de Von Willebrand. Esta é também uma doença hereditária, uma desordem de coagulação do sangue. Uma perturbação da coagulação do sangue é causada por uma deficiência do factor Willebrand. O factor Willebrand plasmático é uma glicoproteína do sangue que é sempre utilizada quando há necessidade de cicatrização rápida de feridas abertas na superfície.

Se um ser vivo for ferido superficialmente, uma grande quantidade de sangue escapa rapidamente. Se o ferimento não for demasiado grave e não deve requerer pontos, o corpo formará um coágulo de sangue por si só, provocando uma moagem no ferimento e fechando-o. A hemorragia é assim interrompida e a moagem diminui gradualmente até a pele se regenerar. No entanto, se faltar o factor Willebrand plasmático, não há coagulação da ferida. Isto leva a uma hemorragia secundária e, no pior dos casos, um ser vivo pode sangrar até à morte sem a ajuda certa.

Não só as lesões superficiais "normais" são afectadas, mas a doença afecta particularmente as superfícies das mucosas. Podem ocorrer vários sintomas de hemorragia, que podem ser agravados pelo stress, adrenalina e outras doenças. Os sintomas incluem hemorragias nasais, hematomas, sangramento das gengivas, coxeio, um período prolongado e alto período de sangramento nas cadelas, anemia sanguínea constante e hemorragias internas, tais como hemorragias gastrointestinais.

Para que o veterinário possa fazer um diagnóstico, é necessário não só uma amostra de sangue, mas também um esfregaço da mucosa oral. Isto permite a realização de um teste genético, que é independente da idade do cão. Este teste genético fornece informações precisas sobre se o animal está livre de mutações - o cão não é portador do gene -, se é portador do gene sem que a doença se tenha manifestado, ou se é uma doença "completa".

Globalmente, a doença de Von Willebrand pode ser de três tipos, variando de suave a difícil a grave. Todos os tipos são herdados de uma forma autossómica recessiva, ambos os pais devem ser portadores. Apenas o tipo III, o mais grave, ocorre na Nederlandse Kookerhondjen. Outros transportadores são o Scottish Terrier e o Shetland Sheepdog.

A doença não é curável, mas em caso de hemorragia grave, podem ser administrados medicamentos, bem como transfusões de sangue que parem a hemorragia. Em caso de lesões menores, é portanto importante ir imediatamente a um veterinário.

Uma vez que a doença de Von Willebrand é também uma doença hereditária, os criadores só devem utilizar animais em que não tenha ocorrido qualquer mutação. Uma vez que a doença é herdada de forma autossómica recessiva, há uma grande probabilidade de apenas alguns cachorros de uma ninhada transportarem a mutação.

As doenças oculares no Pequeno cão holandês são particularmente comuns, com um largo espectro de doenças. Tais doenças oculares podem ser relacionadas com a imunidade, infecciosas, hereditárias ou desencadeadas por corpos estranhos, ferimentos e correntes de ar.

Os cães são normalmente animais bastante teimosos quando se trata de queixas oculares. Raramente se interessam se algo estiver errado com os seus olhos, uma vez que não é o seu sentido primário. É portanto alarmante quando as reacções ocorrem. Estas reacções podem manifestar-se de formas e sintomas muito diferentes e semelhantes aos dos seres humanos. Pode haver um aumento de piscadelas ou de olhos esguios. Isto também pode resultar numa descarga ocular que afecta a visão. Por vezes, esta descarga é tão mínima que o proprietário não a nota imediatamente. O aumento da descarga resulta então em secreções secas que podem ser encontradas à volta dos olhos e margens de pálpebras pegajosas.

Além disso, ocorre um comportamento muito atípico para os cães quando tentam esfregar os olhos com as patas. Caso isto ocorra, seja unilateral ou bilateralmente, deve ser controlado com extrema precaução, porque os cães só podem fazer muito com as patas. Estão conscientes disto, e é por isso que raramente tentam esfregar-se ou coçar-se com as patas. Se um cão se aproximar dos seus olhos com as patas, então algo deve estar a incomodá-lo mais do que apenas um pouco.

Pode haver corpos estranhos simples nos olhos, tais como partículas de sujidade ou desperdícios. Estas podem ficar alojadas e presas debaixo das pálpebras. Os sintomas incluem avermelhamento do globo ocular ou conjuntiva, opacidades oculares, inchaço ou alargamento, visão reduzida e sensibilidade geral ao tacto. No entanto, nem sempre é um corpo estranho, uma vez que os cães e especialmente os Pequeno cão holandês são propensos a conjuntivite, defeitos da córnea e glaucoma.

A conjuntivite, ou conjuntivite explicitamente nos cães, é uma inflamação infecciosa causada por vírus, parasitas, bactérias ou fungos. Clamídia, estafilococos, vírus de herpes ou adenovírus não são gatilhos incomuns. Ao mesmo tempo, podem ocorrer irritações externas devido a correntes de ar, vários alergénios, pó e corpos estranhos.

Um sinal típico é uma conjuntiva avermelhada. Não raro, este sintoma está associado a uma descarga ocular e a um inchaço geral da pálpebra. Vários medicamentos podem ajudar contra estes sintomas. Um veterinário pode prescrever gotas ou pomadas para os olhos, que têm de ser aplicadas ao olho afectado três a cinco vezes por dia, em média.

Se a conjuntivite for mais grave e o agente patogénico for bacteriano, deve ser utilizada uma pomada antibiótica para os olhos. Estes contêm não só substâncias activas preocupantes mas também regeneradoras que reforçam o sistema imunitário e lutam contra o agente patogénico. Depois de uma visita ao veterinário, a conjuntivite deve diminuir após duas semanas. Se não for este o caso, então devem ser feitos testes extensivos devido a causas crónicas.

Os defeitos da córnea, ou córneas, são raros nos humanos, mas são mais comuns nos cães. A córnea é a camada exterior do olho onde as lesões podem facilmente ocorrer, por exemplo de garras de gato, correndo imprudentemente através de arbustos e mato, e lutando com outros cães. Para além das lesões externas, pode ocorrer um defeito da córnea como concomitante de outra doença.

Não é fácil detectar uma lesão na córnea do olho. Um veterinário deve examinar o olho com um corante especial, "fluoresceína" ou "luz azul", para poder perceber lesões.

Os defeitos da córnea são basicamente divididos em lesões não perfurantes e perfurantes. A córnea como camada mais exterior do olho é constituída por muitas outras camadas. No caso de um defeito não perfurante da córnea, nem todas as camadas foram perfuradas ou perfuradas. É uma espécie de arranhão numa das camadas. Numa lesão perfurante, a córnea inteira foi perfurada. A primeira pode ser curada com uma pomada antibiótica e uma pomada de cura adicional sem complicações adicionais; no caso de uma lesão perfurante, a córnea deve ser restaurada com a ajuda de uma operação.

Mais uma vez, os sintomas típicos de dor e desconforto nos olhos ocorrem, razão pela qual os cães tentam muitas vezes chegar aos seus olhos com as patas.

Em última análise, os cães sofrem frequentemente de glaucoma, mais conhecido como "estrela verde". O quadro clínico descreve um aumento persistente da pressão interna do olho. Isto é devido à produção de humor aquoso, que não pode drenar e aumenta a pressão no olho. Como resultado, os danos no nervo óptico e na retina ocorrem frequentemente. No pior dos casos, isto pode levar à cegueira total e o globo ocular pode ficar dolorosamente aumentado.

O glaucoma corre normalmente na árvore genealógica. Assim, a obstrução da saída de humor aquoso pode ocorrer significativamente ou aparecer como um concomitante de outras doenças oculares.

Ao contrário de outras doenças que afectam o Pequeno cão holandês, o glaucoma pode ser tratado, embora isto seja mais difícil se o gene for hereditário. Além disso, devem ser tomadas medidas suficientemente rápidas antes que a doença tenha progredido demasiado, caso contrário nenhuma terapia pode ajudar.

Para determinar se um cão sofre de glaucoma, é utilizado um dispositivo especial para medir a pressão intra-ocular. Após alguns segundos, é possível ver se existe um desvio em relação aos valores normais. Se houver um desvio, tanto a medicação como a cirurgia podem ser realizadas. No entanto, a cegueira aguda ou uma rápida diminuição da acuidade visual pode ocorrer apesar da terapia precoce.

As cataratas também podem ocorrer em cães, embora sejam menos comuns do que o glaucoma.

O pequeno spaniel é particularmente susceptível à epilepsia, que progride de forma diferente do que nos seres humanos. A forma mais comum de epilepsia em cães é a chamada "doença de queda", que já pode ocorrer em cachorros ou apenas em cães mais velhos.

Trata-se de um mau funcionamento repetido do cérebro. Nesta avaria, existe um desequilíbrio entre a descarga dos neurónios e a carga eléctrica real. Em caso de doença em queda, o desequilíbrio pode resultar em surtos repentinos de carga; feixes inteiros de neurónios e associações podem emitir surtos descontrolados de electricidade ao mesmo tempo. Isto resulta numa convulsão epiléptica, que pode não só variar de intensidade, mas a carga de corrente descontrolada controla-se a si própria após algum tempo, de modo que a convulsão epiléptica pára por si mesma. Muito poucas convulsões duram minutos; em vez disso, os cães sofrem geralmente uma convulsão epiléptica durante apenas alguns segundos.

Existem basicamente dois tipos de doenças epilépticas. É feita uma distinção entre epilepsia focal e epilepsia primária. No caso de epilepsia focal, ocorrem curtos-circuitos que afectam apenas certas áreas do cérebro e em que a crise epiléptica, portanto, só aparece parcialmente, em partes individuais do corpo. Pode acontecer que estas crises epilépticas nem sempre sejam reconhecidas pelo que realmente são. Duram apenas segundos e manifestam-se em contracções das pernas, que por vezes - depois, supostamente - podem ocorrer naturalmente quando os cães estão a dormir. Latir sem motivação, mastigar ou estalar em moscas imaginárias também pode ser um sinal de uma pequena crise epiléptica.

A epilepsia generalizada, por outro lado, é frequentemente crítica e visível. Numa convulsão generalizada, não só partes parciais do cérebro são afectadas, mas também ambos os hemisférios cerebrais. Como resultado, os choques eléctricos espalharam-se não só aos membros e músculos individuais, mas a todo o corpo. 80% de todos os doentes com animais sofrem de epilepsia generalizada. As hipóteses de uma apreensão focal são, portanto, baixas.

Existem três tipos diferentes de epilepsia generalizada. Na Pequeno cão holandêsn, ocorre apenas uma convulsão epiléptica tónica, uma descarga maciça de tensão. Os cães passam por três fases, através das quais uma apreensão generalizada pode ser facilmente reconhecida.

A primeira fase anuncia a apreensão. Há uma ligeira mudança no comportamento de inquietude. Por vezes, até uma hora antes de uma convulsão, há salivação descontrolada, lamber os lábios ou urinar no apartamento, embora o cão seja de facto treinado em casa. Não é raro os animais refugiarem-se e esconderem-se ou permanecerem activamente perto do seu dono por medo de não saberem e ladrarem alto para afastar o desconhecido.

A segunda fase é a apreensão propriamente dita. A convulsão ocorre repentinamente, com endurecimento ou alta tensão dos músculos esqueléticos em geral. Se os cães estiverem de pé durante a apreensão, caem com as pernas estendidas. Não se pode falar com eles durante a apreensão e muitas vezes perdem a consciência. Pode haver movimentos de remada no ar, que frequentemente parecem controlados, ou contracções musculares convulsivas e um tremor típico, que também ocorre em convulsões epilépticas em humanos. Uma vez que o cão não tem controlo sobre o seu corpo, pode esvaziar o seu intestino ou bexiga, ou salivar incontrolavelmente. Sons como choramingar também fazem parte dela. Após um máximo de dois minutos, a convulsão pára. As próprias convulsões ocorrem de manhã cedo, à noite ou à noite, quando o epiléptico está a relaxar após um dia extenuante.

Nem sempre há consequências para a saúde ou para a vida. No entanto, deve geralmente dizer-se que as células nervosas morrem sempre durante uma crise epiléptica. Se uma apreensão durar mais de dez minutos, é classificada como potencialmente fatal. O mesmo se aplica às repetições constantes quando o cão não tem tempo de tomar consciência entre convulsões. Nestes casos, é utilizado o termo "status epilepticus" e este só pode ser tratado numa unidade de cuidados intensivos. Os ataques em série, que frequentemente ocorrem dentro de poucos dias, não são imediatamente fatais, mas na maioria dos casos podem resultar em danos cerebrais permanentes ou em estados epilépticos.

A terceira fase descreve as consequências. À semelhança dos seres humanos, os animais comportam-se atordoados e exaustos. Muitos cães podem regenerar-se muito rapidamente e recuperar todas as suas forças após alguns minutos, outros lutam durante horas com as consequências da perda neurológica. Pode haver vontade de vaguear, distúrbios visuais e desorientação geral, rigidez dos membros associada a uma marcha vacilante, ou fome e sede anormais à medida que o corpo reage de uma forma muito exausta. O cão pode engolir corpos estranhos sem se aperceber. A supervisão constante pelo proprietário é, portanto, importante após uma convulsão epiléptica.

Um cão pode sofrer de epilepsia ou epilepsia devido a várias causas. Para a epilepsia geral primária, a forma de epilepsia que mais frequentemente afecta os cães, não foi encontrada qualquer causa directa. Chama-se "idiopático": "sem causa conhecida". Não há alterações anatómicas no cérebro, nem se pode dizer que a epilepsia em cães seja hereditária. No entanto, algumas raças de cães são conhecidas por terem uma predisposição genética. Estes incluem o Rhodesian Ridgeback e o Pequeno cão holandês. Trata-se de um defeito genético no gene da raça que não causa directamente epilepsia, mas um defeito que é herdado de forma autossómica recessiva e por uma razão desconhecida manifesta-se de forma epiléptica. Os Pastores Alemães, Cães de Montanha Berneses e os Golden Retrievers sofrem deste defeito genético muito mais raramente.

Na epilepsia estrutural, que costumava ser chamada epilepsia sintomática secundária, as crises epilépticas são desencadeadas por uma doença pré-existente no corpo do cão. Algumas das causas podem ser tumores cerebrais, traumatismo craniano, hemorragia cerebral ou inflamação do cérebro (pele). Chama-se epilepsia estrutural porque só pode ser detectada por ressonância magnética porque mostra as alterações activas no cérebro. Em contraste com a epilepsia primária, os cães mostram défices neurológicos entre episódios.

A epilepsia metabólica, por outro lado, é uma doença orgânica ou metabólica que pode ser desencadeada por hipoglicémia, função hepática prejudicada ou alterações nos sais sanguíneos, especialmente alterações nos níveis de cálcio. Mesmo que a epilepsia primária ocorra mais frequentemente e permaneça inexplicada, ainda pode ser melhor tratada do que a epilepsia metabólica. A epilepsia metabólica não responde às terapias antiepilépticas clássicas porque a doença metabólica real tem de ser curada antes de a epilepsia poder ser tratada. É importante dizer aqui que os desmaios podem ocorrer como um sintoma de epilepsia, mas não devem ser confundidos com a falta de oxigénio no cérebro, como pode ser o caso das doenças cardíacas, por exemplo.

A terapia é baseada nos diferentes tipos de epilepsia. No caso de epilepsia estrutural, a doença subjacente deve ser tratada. Para tumores, isto pode significar cirurgia, radiação ou quimioterapia, e para infecções e inflamações, são prescritos antibióticos e antiparasíticos. Muitos dos medicamentos antiepilépticos utilizados para a epilepsia estrutural em cães são também utilizados na medicina humana.

O tratamento da epilepsia genética, por outro lado, é mais complicado. Aqui, depende da duração, frequência e taxa de intensidade das apreensões, porque um animal nem sempre tem de ser tratado. Além disso, a ajuda disponível é limitada, uma vez que a epilepsia não é curável nem em humanos nem em animais. A terapia prescrita é utilizada para atenuar as apreensões e controlá-las. Isto envolve uma administração consistente de comprimidos e a maioria dos proprietários são encorajados a manter um diário de apreensão para melhor registar os ataques. Isto permite que a dosagem de medicamentos antiepilépticos seja alterada, se necessário.

A terapia é sempre necessária se houver mais de uma convulsão num quarto de ano, se houver um aumento da gravidade das convulsões ou uma frequência de convulsões superior a cinco minutos, se houver convulsões em série (as convulsões em série são duas convulsões num dia inteiro) ou convulsões em grupo (mais de duas convulsões em sucessão directa) ou se houver um estado de epilepsia em que não é possível alcançar a consciência.

Em última análise, o cão Kooiker é propenso à luxação patelar. Esta é a doença mais comum das articulações do joelho que pode ocorrer em cães. Normalmente é uma predisposição congénita, que ocorre devido a desnutrição nutricional no colo do útero, ou a um acidente de movimento. A Pequeno cão holandês é uma das raças de cães mais susceptíveis à luxação patelar, uma vez que é uma raça de cães pequena e propensa a problemas ósseos. Isto inclui não só spaniels, mas também caniches em miniatura, Chihuahuas, Pekinese, Yorkshire terriers, Papillon e Boston terriers. As predisposições também podem ocorrer em grandes raças de cães, mas estas raças são hereditárias. Estas grandes raças de cães incluem Chow-Chow, Dachshunds e Cocker Spaniels, Appenzellers, Spitz e Flat Coated Coated Retrievers.

De facto, as doenças das articulações do joelho não ocorrem apenas na velhice, mas dentro do primeiro ano de vida. A causa mais comum é uma deficiência nutricional, que resulta num distúrbio de crescimento. Isto resulta em luxação patelar. A obesidade também pode promover a luxação patelar. Apesar de tudo isto, pode haver um desgaste natural das articulações, dependendo da idade e das actividades do cão. Os cães de caça, por exemplo, têm mais desgaste do que os cães de família normais.

A luxação patelar não é facilmente reconhecida. A patela é a rótula, que é um componente primário da articulação do joelho. Isto comporta-se de forma diferente dos seres humanos. A articulação do joelho está nas patas traseiras e dobra-se para a frente em vez de para trás. A luxação da patela manifesta-se num deslocamento, que pode fazer com que a patela salte para fora do lado da ranhura da guia. Isto resulta numa luxação, num deslocamento. Tal deslocação pode ser reconhecida quando o cão é coxo em uma ou ambas as patas traseiras e só tenta andar em três patas. Isto é demonstrado por um andar saltitante. Também se pode observar uma coxeio intermitente das pernas de apoio. Este é um alívio parcial da perna antes de caminhar normalmente de novo - um coxear curto é seguido de um caminhar normal.

Existem vários tratamentos terapêuticos que podem ser utilizados para as doenças das articulações do joelho. Primeiro, é feito um raio-X para confirmar o quadro clínico. Aqui pode ser visto se existem deformidades herdadas ou se a articulação está de outra forma em risco. Uma operação nem sempre é necessária; se é ou não necessária é determinada com base em graus de dificuldade. Existem quatro graus de dificuldade diferentes.

No primeiro grau, descreve-se que a rótula pode ser deslocada manualmente de modo a deslizar de volta para a sua posição fisiológica. Aqui não é necessária qualquer intervenção, a rótula desliza por si só para dentro da ranhura guia após um pequeno passo ou abanão. O primeiro grau é frequentemente invisível e não reconhecido pelos detentores.

O segundo grau necessita de manipulação específica para que a rótula volte a encaixar. Muitas vezes o cão pode fazer isto por si próprio, mesmo que seja doloroso, por vezes um veterinário tem de ajudar.

O terceiro grau precisa de ajuda específica e ocorre mais frequentemente, mas não é muitas vezes diferente do segundo grau de outras formas. A cirurgia pode ajudar aqui para que a força do joelho possa ser aumentada. Isto envolve a duplicação da fascia ou o aperto da cápsula da articulação. Isto dá menos espaço à rótula para se mover. É realizada uma operação simples para manipular o deslocamento do ponto de fixação, a que se chama "transposição da tuberosidade". Mais raramente, o sulco-guia é aprofundado, uma "sulcoplastia".

No quarto grau, ocorre um deslocamento completo e não pode ocorrer um reposicionamento. O quarto grau ocorre em ligação com artrose ou outro desgaste articular significativo. Para corrigir o quarto grau, é necessária uma correcção na parte superior e inferior das pernas - a anatomia é alterada para que a rótula permaneça permanentemente fechada na ranhura guia e não possa escorregar novamente para fora. Este procedimento é chamado de "osteotomia". O veterinário serra uma cunha de osso torto, que depois é aparafusada. O quarto grau está associado a dor intensa e necessita de medicação constante para a dor, mesmo após a cirurgia.

Após uma operação, é necessário um longo processo de cura. Após doze dias, os pontos são removidos se o cão tiver descansado cuidadosamente. Este descanso deve ser continuado durante seis semanas após os pontos terem sido retirados e o cão não deve ser amarrado a uma trela. Isto por razões de precaução, para que a mobilidade na articulação possa ser lentamente reconstruída. Além disso, a fisioterapia é necessária e o cão usará uma ligadura ligeira durante oito semanas.

Se a luxação patela é herdada e genética, então outras doenças conduzem frequentemente à luxação. É apenas mais um sintoma de uma deformidade mais generalizada. A própria patela serve de tampão dentro de um único tendão. Devido a uma má posição, os músculos não se encontram no centro. Isto pode ser remediado com um tratamento conservador, que inicialmente não envolve cirurgia. No entanto, isto só se aplica ao primeiro e segundo graus.

Os suplementos alimentares também podem ser utilizados passivamente para construir a cartilagem dentro da articulação.

Casca de salgueiro, mexilhão de lábio verde, garra do diabo e metilsulfonilmetano (MSM) podem ser utilizados como suplementos alimentares.

NUTRIÇÃO E CUIDADOS

Para compreender como funciona o sistema digestivo do cão e de que alimentos necessita para comer, é necessário um olhar atento sobre os seus antepassados. O próprio lobo nunca foi um carnívoro puro. Ainda hoje ele não só come carne, mas na natureza alimenta-se de ervas, bagas, raízes, gramíneas e até frutos caídos. No entanto, extrai os seus principais nutrientes de um animal de presa rasgado, que come até aos ossos grandes, bem como pele e pêlo. Consequentemente, pode-se dizer que os argumentos a favor e contra uma dieta à base de carne são justificados. Ainda que os argumentos baseados em conhecimentos ancestrais pareçam lógicos, é muito fácil errar dentro da dieta. O sistema digestivo do cão é muito mais sensível do que o dos humanos. Se as necessidades nutricionais básicas do amigo de quatro patas forem ignoradas, várias doenças podem desenvolver-se após um curto período de tempo, incluindo cancro e diabetes ou várias doenças esqueléticas, de pele, cardiovasculares e articulares.

O BARFing é considerado uma das melhores dietas para cães nos dias de hoje. Isto é "alimento cru e biologicamente apropriado para as espécies". Com bastante esforço, uma grande refeição é preparada a partir de carne crua de alta qualidade, emparelhada com ossos, óleos animais e um pouco de vegetais e fruta. Isto parece adequado à espécie, uma vez que nada é cortado ou enriquecido de forma elaborada, e é a coisa mais próxima do que um lobo comeria na natureza, mas quando os lobos notam que lhes faltam certos minerais ou vitaminas, procuram-nos e comem coisas não convencionais de vez em quando. Um cão que é alimentado pelo seu dono não pode regular o seu próprio equilíbrio vitamínico. Come o que recebe. A fim de evitar um abastecimento insuficiente, devem ser fornecidas as vitaminas, oligoelementos e minerais correctos. Embora os profissionais estejam muito entusiasmados com esta tendência, os veterinários desaconselham-na.

Além disso, o BARFing leva muito tempo e nem toda a gente pode pagar alimentos de alta qualidade. Além disso, deve dizer-se aqui que o BARFing deve ser estritamente refreado para cachorros, porque é demasiado fácil para os cães jovens se tornarem excessivamente abastecidos com nutrientes importantes. O BARFing é também uma opção desfavorável para cães com excesso de peso ou doentes.

No entanto, aqueles que não se afastam do BARFing devem seguir um plano alimentar rigoroso, procurar aconselhamento de um veterinário especializado na área da nutrição animal e também conhecer muito bem o seu próprio animal de estimação. Então é tempo de criar um plano de dieta deste tipo. Para isso, o dono deve saber o que um cão pode e não pode comer.

A maioria dos tipos de carne é segura para um cão. Assim, pode alternar entre carne muscular, carne da cabeça e diferentes órgãos. Os órgãos incluem coração e rim, fígado e baço, estômago com folhas, esófago e rúmen. Ao mesmo tempo, todos os ossos podem ser comidos desde que não sejam demasiado grandes e permaneçam por cozer, caso contrário há o risco de estilhaçamento. Portanto, galinhas ou peixes inteiros também podem ser comidos, uma vez que as espinhas e espinhas de um animal cru não se desfazem. Se quiser alimentar carne de porco ou órgãos de porco, tem de os cozinhar primeiro.

Vários vegetais podem ser servidos com ele. Entre os mais populares encontram-se brócolos, funcho, cenoura, alface de folha, pastinaca, espinafre, pepino e aipo, assim como acelga. As batatas também podem ser servidas, mas cozinhadas. As cebolas e o abacate devem ser evitados com urgência.

Embora a fruta seja raramente encontrada nas florestas, os cães gostam particularmente do sabor da fruta fresca. O prato pode portanto ser guarnecido com damascos e maçãs, peras, amoras, morangos, bananas, roseiras e mirtilos, framboesas, groselhas, melões e melancias, kiwis e cerejas, mirabelles, pêssegos, ameixas e groselhas. As uvas e as sultanas devem ser evitadas uma vez que podem estimular excessivamente os intestinos.

Se um dono souber que o seu próprio cão sofre de deficiências, várias ervas podem ser utilizadas. Estes só podem ser alimentados em quantidades muito pequenas e devem ser sempre cortados em pequenos pedaços. As ervas populares incluem manjericão, segurelha, alfafa, borragem, folhas de amora e endro, dente-de-leão, estragão, cominho e camomila, menta, manjerona, salsa e orégãos, bem como tomilho.

No BARFing, as refeições consistem principalmente em carne. Esta deve ser de alta qualidade, só então contém um nível mineral equilibrado e a quantidade certa de oligoelementos e vitaminas. Além disso, a carne de um talho está isenta de corantes, aromatizantes e conservantes.

A maioria dos ingredientes encontrados nos alimentos muito baratos para cães deve ser evitada. Estes incluem penas, dentes e cascos, chifres, garras, pêlo e pele, bem como sangue e intestinos contaminados com fezes ou urina. Quaisquer órgãos e glândulas sexuais que contenham hormonas também devem ser evitados. Os alimentos baratos para cães contêm restos que não poderiam ser processados posteriormente para produtos de alta qualidade.

Como um BARFer, raramente se chega perto destas coisas. Mais comuns são a utilização de cereais, farinha animal feita de resíduos de matadouros moídos, subprodutos vegetais, gorduras de baixa qualidade como a gordura de fritura, e aditivos como o açúcar, caramelo, emulsionantes, reguladores de acidez e assim por diante. Nesta última lista, trata-se de conservantes que não são declarados como tal e que foram na sua maioria associados a produtos químicos alergénicos, tóxicos ou mesmo cancerígenos.

Aqueles que não têm tempo ou dinheiro ainda podem ficar com os produtos da loja. Certifique-se apenas de que continuam a ser produtos de alta qualidade. Vale a pena olhar para o verso e ler através dos ingredientes. Deve ter-se o cuidado de assegurar que não haja miudezas, aditivos ou subprodutos e que não haja grão neles. Se os ingredientes não forem claros, estes também devem ser evitados.

O cuidado adequado de um cão não inclui apenas a nutrição correcta, mas também a aparência externa que deve ser cuidada. Especialmente no caso do cão Kooiker, deve ser dada atenção aos cuidados com o pêlo, nariz e orelhas, bem como com as patas.

O asseio é tão importante para o cão como escovar o pêlo todos os dias é para os humanos. O casaco não precisa de ser escovado todos os dias, mas isto deve certamente ser feito regularmente. A Pequeno cão holandês não é uma das raças de pêlo comprido que necessitam de ajuda diária. O cuidado adequado do pêlo pode impedir que os parasitas se fixem no cabelo. A infestação por parasitas ocorre quando o casaco está sujo ou atado. Ao mesmo tempo, pode ocorrer irritação ou inflamação da pele.

Além disso, as carraças podem ser detectadas e evitadas. Especialmente no Verão, o seu amigo de quatro patas deve ser verificado quanto a carraças após cada passeio. A época das carraças começa em Março e termina em Outubro. As carraças podem ser um grande perigo para os cães, podem não só transmitir a doença de Lyme, mas também muitas outras doenças. O problema é que os sintomas aparecem com atrasos e por vezes só podem ser reconhecidos semanas a meses depois. Para cabelos compridos, vale a pena um colar de carraças e/ou preparações à vista.

Mas escovar um cão nem sempre é fácil. Já na idade de cachorro, deve estar habituado a um pente ou escova, uma vez que não está habituado a isto por parte dos seus antepassados. A escovação pode evitar muitas situações desagradáveis, especialmente porque os cães sentem-se igualmente confortáveis quando estão limpos, secos e sem caspa, como é o caso dos humanos. O Pequeno cão holandês deve ser escovado uma vez por semana, prestando especial atenção à penteação cuidadosa dos pêlos longos das orelhas.

De acordo com os cuidados com o pêlo, cada cão deve ser banhado uma vez por mês. O problema aqui é que a maioria dos cães não gosta de ser banhada. Além disso, deve ter-se o cuidado de utilizar os produtos certos e se o banho deve ser cancelado de vez em quando, isto também é justificável.

As patas de limpeza são normalmente igualmente aborrecidas e desagradáveis para o cão. Muito poucos cães podem ficar quietos por muito tempo. Especialmente no Inverno, as patas devem ser alvo de uma atenção importante. O sal na estrada pode muito rapidamente fazer com que as patas fiquem doridas e rachadas - isto é desagradável e causa grandes dores. Os sprays e pomadas protectoras podem ser usados para contrariar isto e alguns cães até acham os sapatos muito confortáveis.

Já no Outono, as patas devem ser cremadas. Assim que o passeio terminar, as patas devem ser lavadas cuidadosamente com água morna, mas sem sabão ou outros produtos. O creme não deve permanecer na pele por muito tempo, caso contrário o cão lamberia as suas patas.

Mas mesmo no Verão, as patas precisam de ser inspeccionadas regularmente. Devem estar livres de lesões e também secas, caso contrário podem ocorrer infecções. O cuidado das patas da Pequeno cão holandês é bastante fácil, pois são criaturas muito calmas que deixam que se faça muito com elas. Além disso, o seu casaco não é longo e não se estende para além das patas.

No entanto, se houver problemas com as patas, estes podem ser identificados muito rapidamente. Os cães lambem naturalmente as patas para as secar e limpar, mas lamber ou mastigar em excesso pode ser um sinal de desconforto. Normalmente isto indica uma irritação ou lesão cutânea. Se o cão não está apenas preocupado com uma pata, mas permanentemente com todas elas, então este é um sinal de uma infestação parasitária ou uma alergia está a desenvolver-se. Uma viagem a um veterinário vale particularmente a pena aqui.

O cuidado das patas também inclui o cuidado das garras. Normalmente, as garras desgastam-se naturalmente quando o cão caminha sobre uma superfície dura. No entanto, nem sempre é este o caso dos cães domésticos, uma vez que o chão de parquet pode ser muito escorregadio e as garras também não se podem desgastar num relvado. Se necessário, devem, portanto, ser encurtados. É essencial dispor de cortadores de garras especiais com os quais as garras possam ser cortadas muito facilmente, mas é preciso ter cuidado aqui: As garras não devem ser demasiado curtas. Eles vão puxar um pouco e podem causar hemorragias.

Finalmente, deve ser dada uma atenção especial ao nariz e às orelhas dos quadrúpedes. Na zona da boca, os dentes devem ser escovados. Isto pode prevenir o tártaro e o mau hálito, embora os cães normalmente consigam isto por si próprios, mastigando paus ou ossos. Muitos cães também gostam de mastigar escovas de dentes, o que lhes permite limpar os dentes de uma forma humana. No entanto, a dentição deve ser examinada. Se a placa ficar amarelada ou mesmo castanha, devem ser tomadas medidas de cuidado, de que o cão gosta em muito poucos casos. O mesmo se aplica aos ouvidos. Os cães são muito sensíveis e não gostam de deixar ninguém tocar no interior dos seus ouvidos. No entanto, se as orelhas não forem limpas, podem ficar inflamadas. Portanto, as orelhas devem ser lavadas uma vez por semana. Os cotonetes devem ser evitados com urgência. Em vez disso, pode ser utilizada uma seringa ou uma pipeta grande. A água deve ser vertida nas orelhas sem pressão e depois cuidadosamente seca com uma toalha de papel. Só se torna desagradável quando a base da orelha é suavemente massajada. Pode haver um som desagradável de esmagamento e o cão irá certamente tremer, fazendo com que a maioria das impurezas voem para fora do ouvido. Por conseguinte, os cuidados com os ouvidos devem ser feitos na natureza. Existem também produtos de cuidados que mantêm os parasitas afastados e previnem a inflamação, mas estes devem ser discutidos primeiro com um veterinário.

Normalmente, o Pequeno cão holandês não precisa de qualquer cuidado ocular, mas de vez em quando deve ser verificado. Por vezes apenas os cantos dos olhos precisam de ser limpos, pois podem ficar juntos pela manhã de forma semelhante aos humanos. Um pano que não fuma e alguma água morna funciona especialmente bem.

Capítulo adicional: Dicas para uma aprendizagem rápida

Qualquer forma de treino de obediência, tem de haver uma ligação existente entre o cão e o seu dono. Tal ligação nem sempre é fácil de estabelecer. Alguns cães chegam ao seu novo lar com condições prévias de trauma, outros têm uma risca naturalmente agressiva. Para assegurar que qualquer formação não acabe em frustração, este pequeno capítulo adicional descreve dicas e truques úteis que não só asseguram um início óptimo, mas que podem igualmente ajudar em todas as situações.

No entanto, antes de chegarmos às ditas dicas e truques, deve primeiro ser explicado que criar um ser vivo nunca é fácil. É uma tarefa responsável e exigente que é dada a um ser humano. Isto significa, entre outras coisas, que nem todas as pessoas são criadas para uma tal tarefa. Uma vez que é este o caso, é importante admitir tal facto. Não há vergonha nisto, nem impede ninguém de passar os sonhos da vida juntamente com outro ser vivo. Em vez disso, com a leitura certa e com as conversas certas com as pessoas certas, é possível elevar-se acima. No entanto, todos devem estar cientes de que muitos erros podem ser cometidos. Por todos os meios, o mais grosseiro destes erros pode ser evitado com as tácticas certas, mas para o bem do cão, é importante não só fazer investigação, mas concentrar-se principalmente nas seguintes dicas para que uma coexistência sem stress possa ser um dado adquirido, tanto entre os veteranos e os seus cães como entre os principiantes e os seus cachorros.

O acolhimento de um cão pode trazer muita antecipação e igualmente muita preocupação. Alguns novos donos tentam, portanto, dar aos seus cães um período de colonização durante o qual certas coisas são permitidas que não deveriam ser realmente permitidas. O motivo oculto é que os cães devem sentir-se confortáveis na sua nova casa. Afinal de contas, é uma grande mudança. A mudança pode ser stressante e este não é apenas o caso dos seres humanos. Estabelecer-se é uma boa ideia, mas não faz nenhum favor ao cão. Um período de colonização atrasa o treino real, o que significa que o cão terá dificuldades em seguir as regras básicas no futuro. Como resultado, o proprietário pode ter dificuldade em afirmar-se a si próprio. Os cães são animais particularmente inteligentes, mas os humanos também ficariam muito confusos se algumas coisas fossem subitamente proibidas que antes não eram proibidas. No início, estas coisas estavam bem, agora resultam em punições. Uma tal teia resulta no que os especialistas em cães chamam "ligações adversas". Mais precisamente, estes são hábitos. O cão habitua-se a estas características negativas porque antes não eram proibidas - porque o cão era teoricamente autorizado a fazer tudo o que queria durante a fase de aclimatação. A mudança desse hábito pode trazer dificuldades. Mudar um hábito também não é fácil para os humanos, especialmente se for um hábito negativo. Com um cão, este efeito é maximizado porque o ser humano e o cão não podem comunicar linguisticamente. O cão nem sequer compreende, portanto, porque é que tal mudança ocorreu agora ou porque é que tem de sofrer um castigo. Neste sentido, é importante começar imediatamente com as primeiras noções básicas. Ainda pode haver uma fase de aclimatação. Nesta fase de colonização, o foco é apenas o pior que não pode ter consequências no futuro. Portanto, as regras devem ser estabelecidas desde o início e estas regras devem ser cumpridas. O cão deve ser ensinado que nem tudo é permitido.

Na verdade, cães e crianças não são muito diferentes, ambos gostam de contornar regras e sentem-se muito confortáveis em zonas cinzentas. Esta é uma tentativa activa de encontrar lacunas educacionais ou lacunas entre regras. Uma vez encontrados, estes são imediatamente utilizados. Outra dica descreve, portanto, a necessidade de unidade no treino de cães. Isto significa não só que o seguimento com consequências é um ponto essencial na parentalidade, mas ambos os lados devem compreender que não há dias de folga ou férias. Da mesma forma, em termos de unidade, é importante que todas as pessoas em contacto com o cão estejam de acordo sobre a forma de treinar o cão. Só resulta em confusão se o cão for tratado de forma diferente por pessoas diferentes. É então muito difícil compreender porque é que uma pessoa dá consequências enquanto a outra o elogia ou acaricia por comportamento desagradável. Meses de formação podem até ser desfeitos por isto. Tal confusão coloca assim uma dificuldade a todas as partes, pois não só o cão está confuso, como também pode haver frustração por parte dos donos. A melhor formação pode ser feita consistentemente por uma pessoa enquanto a outra a negligencia.

Se está à procura de unidade, ainda precisa de abordar a forma como a formação deve ser feita. Todos os que estão em contacto com o cão devem sentir-se confortáveis. Isto significa que os pais não podem, por exemplo, simplesmente impor regras. Aos olhos das crianças, estes podem muitas vezes parecer duros, razão pela qual alimentam e recompensam o cão nas costas dos seus pais. Uma conversa explicativa pode, portanto, ser muito importante, especialmente quando se trata de arranjar um cão de família.

Tal como tem de haver uma comunicação clara entre as pessoas, também tem de haver uma comunicação clara com o cão. O melhor amigo do homem pode muitas vezes ser tratado como tal: como um ser humano. Por isso, acontece por vezes que as pessoas falam em frases longas com muitas palavras complicadas. Da mesma forma, as emoções de um humano não podem ser transmitidas directamente numa longa frase ou muitas emoções vêm ao cão ao mesmo tempo. Quando se entra numa relação íntima, tal fluxo de fala não é apenas natural e natural numa relação humana, mas também em ligação com um cão. Pode até ser satisfatório falar com um animal como se fosse outra pessoa, por exemplo, se alguém tiver pouco contacto com outras pessoas. Dentro da educação de um cão, contudo, isto deve ser evitado tanto quanto possível. Não é necessário explicar a um cão exactamente o que ele fez de errado, mas um gesto esclarecedor, dito com um simples "não" já pode ser suficiente para deixar claro ao cão que ele fez algo de errado ou que deve abster-se de fazer algo. De vez em quando pode acontecer que um cão particularmente inteligente compreenda a necessidade do humano de falar, mas isto acontece muito raramente. Em vez disso, acontece que a voz do ser humano é percebida como ruído de fundo em algum momento. Isto leva a que quaisquer instruções já não cheguem ao cão e a voz do humano é ignorada porque o cão se habituou às palavras do humano. Os comandos devem ser introduzidos desde o início, e idealmente não devem ser alterados durante a formação. Devem permanecer consistentes e ser utilizados universalmente, para que em situações graves outras pessoas possam também dar instruções.

Relativamente a estas instruções claras e comunicação clara, o momento certo desempenha um papel importante. Um timing incorrecto resulta em muitos erros que poderiam ter sido evitados. Os cães vivem no aqui e agora. Se tiverem um passado traumático, é bem possível que lhe sejam traçados paralelos, mas no entanto vivem no presente. Eles têm dificuldade em pensar no futuro, ou mesmo na manhã seguinte. Isto significa que as reacções só podem ser atribuídas a acções com dificuldade. Por exemplo, é agora comum que um cão seja acariciado como uma saudação, mesmo que salte alegremente para cima das pernas. Este comportamento negativo deve ser minimizado na formação. O problema parece ser que um cão tem dificuldade em distinguir a razão pela qual foi acariciado. Ele não consegue distinguir se é da saudação ou se fez a coisa certa ao saltar sobre as pernas do humano. Isto mais uma vez resulta num hábito indesejado. A comunicação clara implica que as reacções e acções, bem como as emoções, são claramente apresentadas. O tempo desempenha, portanto, um papel importante. No exemplo agora descrito, esperar até que o cão tenha acalmado ou tenha sido enviado para um local designado pelo dono. Isto não diminui a antecipação do cão, mas a sobrecarga que ele sente das suas próprias emoções. Ao mesmo tempo, isto explica porque é que os cães não são particularmente pacientes. Esta paciência deve ser-lhes ensinada primeiro.

Com a motivação certa, isto pode ser conseguido muito facilmente. Surge o problema de que a motivação não só varia de pessoa para pessoa, mas que os cães são também indivíduos muito singulares com as suas próprias ideias sobre o que tal motivação deve ser. A motivação nem sempre tem de ser uma recompensa. As recompensas podem certamente criar sucesso a curto prazo, mas as recompensas não representam uma solução a longo prazo. O grande objectivo do treino de cães é assegurar que as instruções são seguidas e que o comportamento indesejado é minimizado, mesmo que não haja recompensa. Por conseguinte, é importante compreender que uma recompensa é diferente da motivação geral, a motivação deve ser a longo prazo. Atingir a motivação perfeita nem sempre é fácil, uma vez que não se podem fazer perguntas aos cães. Por conseguinte, deve ser encontrada uma razão que exija toda a atenção do cão e o chame a atenção do dono. Tal motivação não deve ser no futuro, deve ser constante. Isto pode ser conseguido quando o cão é ensinado que é mais excitante com o dono. Juntamente com um reforço positivo, isto pode criar uma coexistência harmoniosa. A razão para o reforço positivo, por outro lado, é secundária. Mais uma vez, o reforço positivo não deve ser equiparado a uma recompensa. Em vez disso, é elogiado e recompensado com extensas brincadeiras em vez de guloseimas ou outras recompensas. As recompensas alimentares proporcionam um reforço positivo, mas não devem ser dadas para além das rações alimentares diárias. Em vez disso, é importante deduzir as referidas recompensas alimentares da ração real. Caso contrário, não só ocorrerá sobrealimentação, mas o cão verá a recompensa alimentar como opcional.

A diferença entre uma recompensa passiva e uma recompensa activa deve ser compreendida. As recompensas passivas representam recompensas alimentares que poderiam muito bem ser feitas sem elas. As recompensas activas, por outro lado, são acções activas tais como fazer festas, elogiar e brincar. Estes não podem ser dispensados.

Os cães são criaturas que copiam o comportamento dos humanos. Reagem de forma muito semelhante aos seus donos, o que significa, entre outras coisas, que não se esquivam a ruídos fortes nem exercem pressão. Mesmo a violência não ajuda na maioria dos casos. Isto significa que pode tornar-se rapidamente frustrante tentar educar um cão. Os cães voltam frequentemente a cair em velhos padrões de comportamento e a maioria deles são negativos. Para alguns donos, parece, portanto, que o cão esqueceu o treino dos últimos meses ou como se todo o treino tivesse sido inútil. Isto não só parece ser o caso, como também é o caso. Aprender novos hábitos e mantê-los a longo prazo é um desafio para os cães. Eles tentam seguir activamente as instruções, mas precisam de repetição constante. Estas repetições devem ser feitas sem pressas, com muita calma e sem pressão. Qualquer outra coisa só perturba o cão, o que leva a ainda mais erros. Os donos de cães devem permanecer calmos. Deve-se internalizar que a atmosfera de aprendizagem de um cão deve assemelhar-se à atmosfera de aprendizagem de uma criança. O processo de aprendizagem deve ser internalizado antes de poder ser aplicado activamente. À semelhança das crianças, os esforços invisíveis devem ser recompensados.

Em termos de educação, os cães e as crianças podem, portanto, muitas vezes ser parecidos, mas a humanização do cão deve ainda ser desencorajada. Os peritos são da opinião que os cães têm qualidades humanas no seu carácter, mas continuam a ser animais que devem ser tratados como tal. Nem sempre faz sentido recorrer à ciência. Pode haver descobertas científicas que atestam as características humanas dentro dos cães, mas dentro do treino de cães estas devem ser urgentemente ignoradas. Caso contrário, pode haver um entendimento de que os cães não estão deliberadamente a seguir uma instrução ou a cometer deliberadamente erros. Não é este o caso. É uma característica humana que não ocorre num cão, embora outras características possam muito bem estar presentes. É aconselhável individualizar a formação. Portanto, se acontece que um comando não é executado, então isto tem uma razão individual. Os cães têm uma disposição bastante simples, e é por isso que muitas vezes são as mesmas razões que se repetem. Basicamente, pode dizer-se que qualquer recusa de um comando vem de uma grande distracção - a atenção já não está com o proprietário. Nestes casos, é necessário um aumento renovado da motivação ou uma repetição da motivação que diminuiu. A perda dessa motivação deve-se à curiosidade natural de cada ser vivo. Algumas coisas representam um aspecto mais excitante do que o ser humano naquele momento. A curiosidade não deve ser punida, em vez disso, devem ser tomadas medidas individuais de acordo com a situação.

As pessoas mostram um elevado grau de ambição. Esforçam-se pelo sucesso e tentam crescer para além dos seus próprios limites e ideias. Este não é o caso dos cães, mas pode acontecer que exactamente esta característica humana seja exigida ao cão. Esquece-se muitas vezes que os cães têm uma medida muito menor de inteligência. Do mesmo modo, lutam com situações e problemas que são diferentes dos de um humano e que um humano nunca poderia compreender. Além disso, os cães têm sentidos diferentes, pelo que a sua percepção evoca sempre novas situações. Pode-se dizer que os cães aprendem mais lentamente do que os humanos, embora sejam considerados aprendizes rápidos. Alguns donos de cães acham isto difícil de compreender. Muitos subconscientemente ou mesmo conscientemente desejam que o processo de aprendizagem seja instantâneo ou que não haja necessidade de um processo de aprendizagem. Este pensamento activo de desejos resulta em frustração e torna a educação do cão muito mais difícil. É por isso importante dar pequenos passos e recompensar os mais pequenos progressos. Isto significa, entre outras coisas, que o nível de dificuldade não deve ser aumentado, mesmo que os referidos sucessos tenham sido alcançados. Os cães são esquecidos e precisam de repetição constante. Um nível constante de dificuldade é, portanto, benéfico. Do mesmo modo, é importante que o humano seja um modelo a seguir e um exemplo. Ele deve descrever o ritmo a que o cão se pode adaptar. Noutra altura, a ligação entre o ser humano e o cão deve ser visada.

Mas mesmo com as dicas descritas até agora, a caminhada diária ainda pode ser um obstáculo. Não é apenas uma parte elementar do treino de cães, mas também de estarmos juntos. Por conseguinte, este primeiro obstáculo deve ser dominado antes de qualquer outra formação. Não é raro os donos de cães temerem de novo todos os dias e começarem a suar quando se trata do passeio. Isto porque o duo conjunto enfrenta obstáculos mais fortes no mundo exterior do que num apartamento ou numa casa. São confrontados com outras pessoas, bem como com outros cães. Ao mesmo tempo, o exercício diário do cão é uma ferramenta de controlo. Descreve o primeiro passo para ver se a formação teve um efeito. Dentro de casa, o "manter a calma" do cão representa apenas um sucesso parcial. Os comandos e instruções têm de funcionar especialmente fora das quatro paredes. Aí, há distracções muito mais significativas que podem resultar em lesões ou stress indesejado. Não é raro o cão obedecer ao dono dentro de casa, mas não num parque ou área verde.

O cão tem de se orientar para o dono. Isto pode ser conseguido tornando a caminhada numa rotina. Isto proporciona segurança, mas rapidamente leva a outro hábito, que pode tornar-se aborrecido a longo prazo. Por conseguinte, para que um cão se oriente para os humanos, devem ser utilizados alguns truques. Por exemplo, é vantajoso se a caminhada diária for combinada com jogo e diversão. Desta forma, a atenção do cão ainda pode ser mantida no humano, mesmo que coisas interessantes devam acontecer pelo caminho, tais como um esquilo trepador numa árvore ou um cão que se aproxima. O tipo de diversão e jogo escolhido depende inteiramente da equipa de cães humanos. Os jogos de recuperação garantem que o cão pode libertar o seu excesso de energia. Entre outras coisas, isto tem a vantagem de ele se comportar melhor durante o resto do dia. Por outro lado, os jogos de cabeça ou de busca podem ajudar a desafiar mentalmente o cão. Também na área mental se pode conseguir uma exaustão positiva, o que faz com que a convivência seja confortável. Isto inclui também pedidos regulares de ordens ao cão. Deve-se ter o cuidado de que isto não se torne uma rotina, mas que seja solicitado espontaneamente. Juntamente com a súbita mudança de direcção, isto é muito útil. Isto significa que o cão é agora forçado a orientar-se para o dono - esta é a única forma de manter a diversão. A atenção está toda voltada para o proprietário. Da mesma forma, apesar das unidades de aprendizagem, ainda é divertido brincar. Isto leva a que a ligação especial entre humano e cão seja ainda mais fortalecida, eles podem divertir-se juntos e criar memórias que significam mais para um humano, mas que um cão também pode recordar.

No final, é importante compreender que as dicas e truques descritos são exactamente isso: Dicas e truques. O dono deve aprender que se trata de um esforço de equipa quando se trata de treinar um cão. Isto significa que há aprendizagem em conjunto, ambas as partes têm de aprender coisas novas e confiar uma na outra. Isto não se aplica apenas a principiantes, mas não importa se o dono do cão já treinou muitos cães antes ou se o treino de amigos de quatro patas é feito profissionalmente. Os animais são tanto indivíduos como as pessoas. Ao mesmo tempo, a ligação entre um cão e o seu humano é, portanto, não só individual, mas também especial. Isto requer que a formação seja concebida individualmente. Deve ser divertido e encorajar a aprendizagem. Aqui vale a pena comunicar com outros donos de cães. Muitas pessoas têm todo o prazer em ajudar e prestar o apoio adequado se alguém ficar preso. Embora todos os cães sejam indivíduos, podem ter problemas semelhantes, se não os mesmos, de treino. No entanto, nem todos os donos de cães têm amigos ou parentes com experiência no treino de cães. A este respeito, pode valer a pena visitar clubes desportivos caninos, muitos grupos reúnem-se em parques caninos e os problemas podem ser discutidos de forma bastante anónima online.

A educação de um cão pode parecer muito diferente, mas independentemente da sua aparência, é uma parte fundamental da vida em conjunto e necessita de atenção especial a este respeito.

Palavras de encerramento

Pequeno cão holandêss fazem companheiros fantásticos do dia-a-dia e são adequados para qualquer situação que possa surgir.

    Neste livro, foi dada uma grande atenção à história do pequeno spaniel. Depois dos cães Kooiker quase se terem extinguido no século XX, a sua criação foi novamente consolidada graças à cadela Tommie. Há menos de 100 anos, a sua criação diminuiu para 20 espécimes, uma vez que eram favoritos em muitas áreas da vida. Ainda hoje, são escolhas particularmente populares em abrigos e centros de reprodução, uma vez que a sua aparência é única e o seu carácter incrivelmente gentil.

    São animais corajosos que gostam de vasculhar o matagal ou mergulhar em águas pouco profundas. Apesar da sua grande vontade de se mudarem, são sempre uma escolha popular quando as crianças vivem em casa com eles. O Pequeno cão holandês demonstra uma manipulação suave sem qualquer centelha de selvageria, raramente reage a ruídos fortes e não é provocado por animais estranhos. Para as crianças, isto significa que o cão não morderá simplesmente se a mão de uma criança entrar na sua boca devido à curiosidade humana.

    Graças à sua nitidez de caça inexistente, é um verdadeiro favorito na caça aos patos de então e de agora. Em todas as formas de caça ao pato, o Pequeno cão holandês é considerado um pequeno cão pontiagudo. Pode assumir muitas tarefas diferentes, mas matar o jogo não é uma delas. Os animais são meramente assustados para que o caçador possa disparar um tiro bem dirigido. Nestes casos, é importante que um cão não tenha um impulso de afiar o jogo ou um afiar o jogo controlado, porque quando surpreende os animais, deve esperar pelo momento certo, e quando os animais são recuperados, não devem ser visíveis marcas de dentes na pele. Do mesmo modo, isto significa que as brincadeiras diárias também podem ser bem feitas sem excitar demasiado o cão, embora possa haver excepções.

Devido aos seus talentos versáteis, os pequenos Spaniels podem ser utilizados em muitas áreas diferentes: no salvamento de vidas, como cão de assistência, nas várias áreas de caça ou em desportos caninos. Para que tudo isto seja criado, é necessário um laço estável e reforçado entre o amigo de quatro patas e o humano. Isto pode ser reforçado através de vários métodos. Usando reforços positivos na vida quotidiana, por exemplo, os animais intimidados e medrosos podem habituar-se ao seu novo lar, porque muitos cães chegam ao seu novo lar com experiências traumáticas e sentem-se sobrecarregados. Contudo, com um reforço positivo, o treino de respeito também pode ser aplicado, o que garante que o cão reconhece e respeita a classificação natural do humano, comportamentos indesejados como o latido constante, bem como a teimosia, a falta de disciplina e também o comportamento agressivo para com o humano ou outros cães podem ser tratados e o treino de alojamento exige uma abordagem igualmente amável e positiva. A palavra-chave aqui é paciência. Educar um cão nem sempre é fácil, eles têm uma mente própria. São seres vivos com pensamentos individuais e pode muitas vezes acontecer que algumas coisas sejam simplesmente mais excitantes e que a atenção se afaste do proprietário a este respeito. Isto é natural e nem sempre precisa de ser corrigido. Igualmente, contudo, significa que por vezes a desobediência é mais gratificante do que a obediência.

Os cães podem ser igualmente teimosos quando se trata de equipamento geral. No equipamento de treino, apenas algumas coisas são utilizadas e quando se trata de peças de equipamento, estas podem ser facilmente substituídas. Só quando se trata de equipamento de caça é que as coisas caras entram em jogo e se o cão for então um pouco teimoso, pode rapidamente acabar em desespero.

O mesmo se aplica à alimentação e ao aliciamento. Através de um simples processo de tentativa e erro, é necessário descobrir quais as marcas, produtos e tecidos que são confortáveis para o cão. Más compras ocorrerão e não é raro que os cães se tornem muito dramáticos quando se trata de aliciamento semanal.

Não é, portanto, invulgar que os nervos do dono de um cão sejam tensos e isto não muda quando, por exemplo, as raças são comparadas. Por todos os meios, algumas raças de cães são mais calmas do que outras e em algumas a avidez pela caça está menos desenvolvida do que noutras, uma vez que algumas raças de cães foram criadas explicitamente para utilização na caça, mas como são espécimes individuais, cada um com uma mente própria e raramente punidos pelo seu comportamento tolo, o puxão de pêlo pode ocorrer em qualquer cão.

Por esta razão, foi escrito um capítulo adicional neste livro, que é preenchido com várias dicas e truques para que mesmo os pequenos e, no entanto, particularmente extenuantes e incómodos obstáculos na vida quotidiana possam ser superados.

Assim, este guia é escrito para todos aqueles que estão a pensar em levar um Pequeno cão holandês para a sua casa, ou que já levaram um pequeno spaniel e só querem fazer mais alguma investigação ou precisam de um pouco de ajuda.

Fontes

AniCura (2022) Luxação patelar em cães. AniCura Germany Holding GmbH. Ravensburg.

Balke, M. (2017) Die Brauchbarkeitsprüfung für Jagdhunde - Was muss man da alles machen? Blog Alemão de Caça. Jagdconsulting. Zeven.

Balke, M. (2017) Die Ausrüstung den Jagdhund. Blog Alemão de Caça. Jagdconsulting. Zeven.

Baumann, T. (2022) Beziehung und Bindung als Basis der Hundeerziehung ("Erzieherische Grundlagen schaffen", "Soziale Bindungen enthält keine Materielle Werte", "Schattenseiten der sozialen Bindung" und "Die Sichere Bindung für zur Reduzierung von Abhängigkeit").

Cimarelli, G. (2016) Dog Owners' Interaction Styles: Their Components and Associations with Reactions of Pet Dogs to a Social Threats. Fronteiras em Psicologia.

Deutscher Jagdverband e.V. (2020) Unsere Jagdhunde (Die häufigsten Rassen in Deutschland). Associação das Associações Estatais Alemãs de Caça para a protecção da caça, da caça e da   natureza. agência de publicidade con-vergence GmbH. Kempen.

Deutscher Tierschutzbund e.V. (2022) Umgang mit dem Hund - Erziehung, Training und Ausbildung. Deutscher Tierschutzbund e.V. Positionspapiere für Heimtiere.

Dr. Mackensen-Friedrichs, I. (2018) Treinar com sucesso cães sem castigo - e a terra é um disco.

CANIS, Centro de Cinologia.

Dr Zahn, K. & Dr Neuerer, F. (2020) Epilepsia em cães. Clínica Veterinária Ismaning GbR. Ismaning. Munique.

Edeler, A. (2013) Early hunting imprinting. Escola de cães no Rolandsbogen. Canigo UG. Bona.

Krewer, B. (2020) Jagdhunde (Die Rassen und ihr Einsatzspektrum). Perseguição. Conhecimento especializado para o caçador. Deutscher Landwirtschaftsverlag GmbH. Munique

Kühne, A. (2017) Hinweise zur Ausbildung eines Jagdhundes. (Os nossos cães: "Parceiro de caça ou ferramenta", Parte 1 - Parte 4: Cooperação como tratador com o cão de caça através de motivação e controlo) Ökologischer Jagdverein Bayern e.V. Markt Nordheim.

Langer, K. (2022) Grundlagen zum praktischen Hundetraining. Aconselhamento sobre o comportamento dos animais Karin Langer. Aconselhamento comportamental - treino de animais.

Meismann, J. (2022) Hereditary necrotising myelopathy (ENM) in dogs. Lucky's World. A Plus Detective GmbH. Dorsten.

Meismann, J. (2022) Doença de Von Willebrand (VWD) em cães. Lucky's World. A Plus Detective GmbH. Dorsten.

Nolte, G. & Wörmann, M. (2017) Der Jagdhund - Vom Welpen zum Gefährten. Jovem caçador.

Schick, S. (2015) O que é trabalho fictício? (Uma breve introdução) Jagdspaniel-Klub e.V. Petersaurach.

Vogt, S. (2016) Die richtige Hundepflege - Tipps und Tricks für den Hundehalter. Quintina Digital GmbH. Revista Pet Magazine. Zwickau, Leipzig.

Walter, M. (2021) As doenças oculares mais comuns nos cães. SantéVet. VetAssur SARL. La Compagnie des Animaux SAS. Sucursal da Alemanha. Frankfurt am Main.

Sobre esta série: O meu cão para a vida

Este é o último volume de uma série de guias de treino de cães compactos e da vida real. As raças individuais são apresentadas por autores que têm muitos anos de experiência e amor por cães. Desejamos-lhe muitos anos felizes e descontraídos com o seu amigo de quatro patas!

Ficaríamos satisfeitos com uma avaliação positiva!

Impressão

A obra, incluindo todo o seu conteúdo, está protegida por direitos de autor. A reimpressão ou reprodução, total ou parcial, bem como o armazenamento, processamento, duplicação e distribuição utilizando sistemas electrónicos, no todo ou em parte, é proibida sem a autorização escrita do autor. Todos os direitos de tradução reservados. O conteúdo deste livro foi pesquisado com base em fontes reconhecidas e verificado com grande cuidado. No entanto, o autor não assume qualquer responsabilidade pela actualidade, exactidão e exaustividade das informações fornecidas. As reclamações de responsabilidade contra o autor, que se referem a danos de natureza sanitária, material ou idealista, que foram causados pela utilização ou desuso da informação apresentada e/ou pelo uso de informação incorrecta e incompleta, são em princípio impossíveis, se por parte do autor não houver culpa, como pode ser provado, deliberada ou grosseiramente negligente. Este livro não é um substituto para o aconselhamento e cuidados médicos e profissionais. Este livro refere-se a conteúdos de terceiros. O autor declara expressamente que no momento da criação das ligações, nenhum conteúdo ilegal era discernível nas páginas ligadas. O autor não tem qualquer influência sobre os conteúdos ligados. Por conseguinte, o autor dissocia-se expressamente de todos os conteúdos de todas as páginas ligadas que foram alteradas após a ligação ter sido estabelecida. Por conteúdos ilegais, incorrectos ou incompletos e especialmente por danos resultantes da utilização ou não utilização de tais informações, apenas o fornecedor da página ligada é responsável, e não o autor deste livro. Todos os direitos reservados.

M. Mittelstädt, Sherif Khimshiashvili Street N 47 A, Batumi 6010, Georgia
All Rights Reserved.

© copyright 2022 Luis Silva

Lightning Source UK Ltd.
Milton Keynes UK
UKHW021555020922
408223UK00010B/835